バスケットボール
用語事典

監修 **小野秀二** バスケットボール日本代表 元ヘッドコーチ
　　 小谷　究 流通経済大学 バスケットボール部ヘッドコーチ

廣済堂出版

序文

　近年、日本代表チームのオリンピック・パラリンピックでの活躍、新制プロリーグの設立など、国内のバスケットボール競技界は明るい話題が目白押しである。また、バスケットボール競技に特化した学会が創設されたことで、日本のバスケットボール競技研究が質量ともに活発化する道が拓かれた。

　バスケットボール競技の研究に着手する際、必ずといってよいほど立ちはだかるのが「用語」の問題である。バスケットボール競技の専門用語に統一性がなく曖昧に用いられてきたがために、研究者は複数の専門書にあたって用語の確認作業に多くの時間を費やさざるを得ない。学術研究として文章を執筆するにあたっては、論文や書籍の全般を通して用語の指し示す意味内容が統一されていることが大前提となるからである。

　用語の不統一は研究者だけの懸念事項ではない。バスケットボール競技の実践現場においては、同じ専門用語であっても指導者によって包含される意味内容が異なっていたり、同じ動きを異なる用語で説明することで、指導者の意図がプレイヤーに正確に伝わらないという現実は明らかに存在する。プレイヤーの理解を促すためにチーム独自の用語を使っている場合であっても、そのコミュニティ（チーム）から一歩外に出ると当該用語が通用しないとなれば、プレイヤーの所属チームが変わったり選抜チームに参加したりした際に、結局は上記のジレンマから逃れることはできないのである。つきつめれば、現場における用語の問題とは、指導者とプレイヤーもしくはプレイヤー同士の「プレイイメージの共有」のレベルを左右する重要事項だということができる。

　そもそも、私たちはバスケットボール競技という外来文化を翻訳的に理解し、片仮名に落とし込んで日本語のコンテキストの中に受容しているのだから、用語に正確な統一性を

求めること自体に無理があるといわねばならない。しかし、こうした限界を自覚しつつも、バスケットボール競技用語の使用にある一定の「交通整理」をほどこし、今後のバスケットボール競技研究やバスケットボール競技の発展に多少なりとも貢献しようと考えたのが、『バスケットボール用語事典』の構想の出発点であり、編者一同に共通の見解である。

だからといって、本書によってバスケットボール競技用語の使い方を制限しようというのではない。用語の選択肢がバラエティに富んでいるのであれば、現在使われている用語をできる限り漏れなく集録することで、バスケットボール競技用語を調べるのに1冊で事足りる書物を編纂したいと考えたのである。難解な用語に出会ったバスケットボール競技の研究者や現場の指導者ないしプレイヤーが、本書を手に取ることで立ちどころに問題解決の糸口を発見できるのなら、編者一同の目的は概ね達成されたことになろう。

本書は、巻末にあげた文献を参考にし、バスケットボール競技のトッププレイヤー(元日本代表を含む)、国際審判員、指導者、研究者によって編纂されたものであるが、それでもなお、本書において現在のバスケットボール競技用語を網羅したとは言い難い。また、競技規則の改正や技術・戦術の発達に伴い、用語も生き物のごとく大小に変化していく。したがって、本書は現時点での(2017年6月現在)編者らの作業の成果でしかなく、「改訂版」を前提としている。集録された用語は、今後、間違いなく加筆・修正・削除が検討されねばならない。バスケットボール競技に携わる皆様からの貴重なご意見を頂戴したく、編者一同よりお願い申し上げます。

編者一同

バスケットボール競技の基礎情報

■ バスケットボール競技は「5人対5人」でおこなう競技である。

■ 相手のゴールにボールを通過させると、その距離や状況によって「1点」「2点」「3点」が加点され、その合計得点で勝敗を争う。

■ 基本的な試合時間は10分間の4クォーター制(インターナショナルルール)。第1Q(クォーター)と第2Qの間、第3Qと第4Qの間にそれぞれ2分のインターバル(休憩)があり、第2Qと第3Qの間は「ハーフタイム」と呼ばれる10分の休憩時間がある。その時間内に勝敗が決まらなければ、5分間の「延長戦」がある。

■ 両チームはルールに基づき、何度でも選手交代ができる(一度ベンチに下がっても、再び出場することができる)。

■ 反則は2種類あり、「ファウル」と「バイオレイション」がある。「ファウル」は積み重ねるとペナルティが与えられるが、「バイオレイション」は何度積み重ねても、相手にボールの所有権を与える以外のペナルティはない。オフェンス側がシュートを打つときにファウルを犯すと、ファウルされたプレイヤーにフリースローが与えられる。

■ 1人のプレイヤーは1試合を通じて、5回ファウルを犯すと退場処分となり、その試合はプレイできない。

■ 各Qで、それぞれのチームが合わせて5回以上のファウルを犯すと、相手チームにフリースローが与えられる。

■ プレイヤーは以下の5つのポジションに分類することができる。

ポイントガード　主にバックコートからフロントコートへのボール運びやフォーメーションの指示、パスの配給などコート上の司令塔となるポジション。略称はPG。「1番」と呼ばれることもある。

シューティングガード　主にアウトサイドショットやドライブにより得点を狙い、ポイントガードのボール運びを補佐する役割を担うポジション。略称はSG。「2番」と呼ばれることもある。

スモールフォワード　主にインサイドでもアウトサイドでも得点を狙い、オールラウンドな役割を担うポジション。略称はSF。「3番」と呼ばれることもある。

パワーフォワード　主にゴール下での得点を主な役割とし、リバウンドなどパワフルなプレイが求められるポジション。略称はPF。「4番」と呼ばれることもある。

センター　主にポストプレイなどインサイドで積極的に得点を狙う役割を担うポジション。長身選手が起用されるケースが多い。略称はC。「5番」と呼ばれることもある。

コート周辺の主な名称

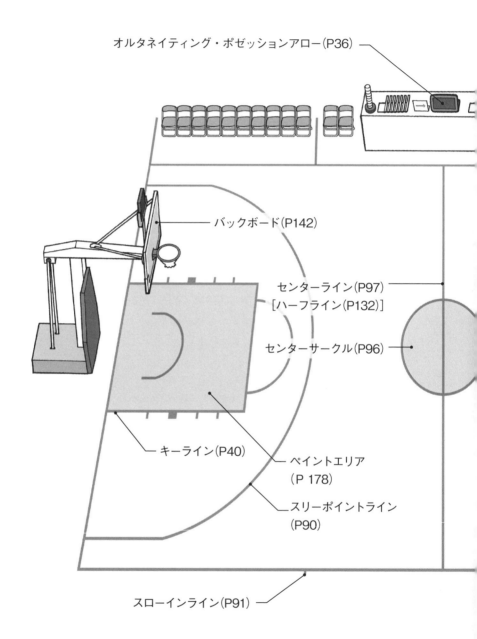

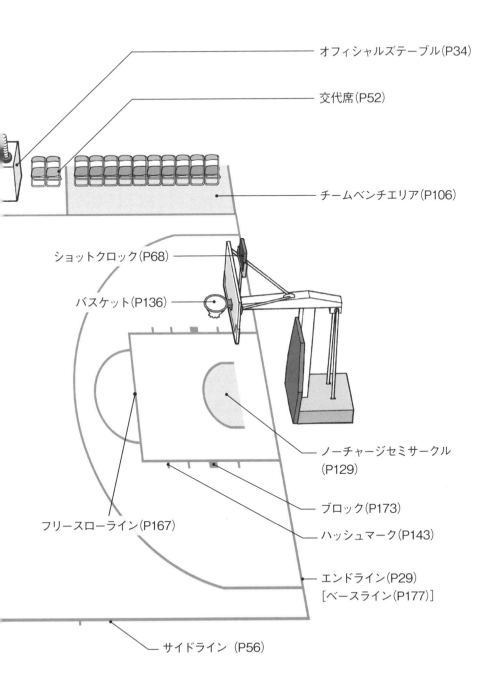

凡例

1) 単語と単語をつなぐ「・」を含んで表記される場合がある用語については、これを省略した。ただし、「ザ」・「オブ」・「アンド」などの語を含む用語は、「・」を入れて表記した。

2) 「シュート」、「ショット」の用語については、「ブロックショット」など「シュート」では表記できない用語があることから「ショット」で統一した。

3) 「プレー」、「プレイ」の用語については、『バスケットボール競技規則』にならい「プレイ」で統一した。したがって、「プレーヤー」、「プレイヤー」の用語についても「プレイヤー」で統一した。

4) 方向を示す場合の「ゴール」、「バスケット」の用語については、比較的広い範囲を示す際に「ゴール」と表記し、狭い範囲を示す際に「バスケット」と表記した。

5) 本文中の〈同〉は同義語、〈類〉は類義語、〈対〉は対義語を示す。

図の説明			
⟶	プレイヤーの動き	①	ボールマン
〜〜▶	ドリブルによるボールとプレイヤーの動き	1	オフボールマン
----▶	パスによるボールの動き	×1	ディフェンスプレイヤー
⊢	スクリーンをかけるプレイヤーの動き		

ア

アーチ
Arch
ボールの軌道が描く円弧。
〈同〉ループ

アーリーオフェンス
Early offense
ファストブレイクで攻めきれなくても、相手ディフェンスが態勢を整え終える前の状況であれば、隙を狙ってはやめに攻めるオフェンスのこと。ファストブレイクとセットオフェンスの中間としての位置づけ。
〈同〉セカンダリーブレイク、2次速攻

アーリーゲーム
Early game
ファストブレイクなどの速い展開の攻撃を中心にしたゲーム。
〈同〉ランニングゲーム、ファイヤーハウスバスケットボール、フローゲーム

アーリーリリース
Early release
ピックプレイの場面においてユーザーがスクリーンを使用する前に、スクリーナーがゴール方向などへカットするプレイ。
〈同〉スリップ・ザ・スクリーン

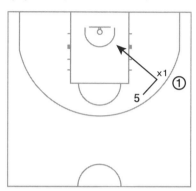

Iカット
I cut
プレイヤーの動く軌跡がI字型になるカットのこと。ある場所から、いったんゴール方向に移動し、元の位置に戻る動き。

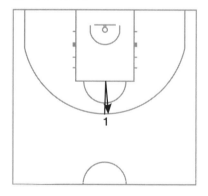

アイコンタクト
Eye contact
2人以上のプレイヤーが目と目を合

わせて意思の疎通を図ること。

アイソレーション
Isolation

ボールマン以外の4人のオフボールマンがボールマンから離れて位置し、ボールマンが1対1を行う状況。

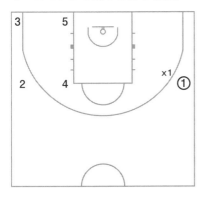

相手チームのバスケット

攻撃するバスケット。
〈対〉自チームのバスケット

アイフェイク
Eye Fake

目の動きで、フェイクをかけること。

アウェイゲーム
Away game

敵チームのホームタウンでの試合。
〈同〉ビジターゲーム
〈対〉ホームゲーム

アウェイスクリーン
Away screen

スクリーナーが、ボールから離れる動きをしてセットするスクリーン。
〈同〉スクリーンアウェイ

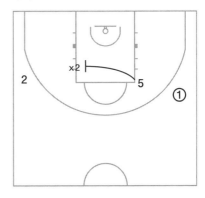

アウェイフロム・ザ・プレイファウル
Away from the play foul

ツーミニッツピリオドにおいて、スローインをするプレイヤーがボールを手放す前に起きたディフェンスプレイヤーによるオフェンスプレイヤーに対するファウル。アンスポーツマンライクファウルとなる。

アウトオブバウンズ
Out-of-bounds

①ボールやボールを持ったままのプレイヤーがラインまたはライン外の物、(フロア、人、ベンチ等)、バックボードの裏側等に触れること。

②コート外のエリア。
〈対〉インバウンズ

アウトオブバウンズプレイ
Out-of-bounds play

戦術的なプレイをともなうスローイン。
〈同〉インバウンズプレイ

アウトオブバウンズ
ポジション
Out-of-bounds position

アウトオブバウンズプレイにおけるオフェンスプレイヤーのポジション。

アウトサイド
Outside

①主にスリーポイントライン付近の、ゴールから離れたエリアのこと。
〈同〉ダウンタウン
②コート上のある地点を境にした時の、ゴールから遠い側のエリア。
〈同〉ハイサイド
〈対〉インサイド、ローサイド

アウトサイドシューター
Outside shooter

主にスリーポイントライン付近の、ゴールから離れたエリア辺りからショットを放つ、もしくは得意とするプレイヤー。

〈同〉シューター、ペリメーターシューター

アウトサイドショット
Outside shot

主にスリーポイントライン付近の、ゴールから離れたエリア辺りから放たれるショット。
〈同〉ショット・フロム・ダウンタウン、ダウンタウンショット

アウトサイドスクリーン
Outside screen

ユーザーがボールを保持したスクリーナーの外側を移動するスクリーンプレイ。

アウトサイドハンド
Outside hand

ディフェンスプレイヤー、もしくはオフェンスプレイヤーのゴールから遠いほうの手。

〈対〉インサイドハンド

アウトサイドフット
Outside foot

①ディフェンスプレイヤーから遠いほうのオフェンスプレイヤーの足。
〈対〉インサイドフット
②ゴールから遠いほうのオフェンスプレイヤーの足。
〈同〉外足
〈対〉インサイドフット、内足

アウトサイドプレイヤー
Outside player

オフェンスにおいて、主にアウトサイドでプレイするプレイヤー。
〈同〉アウトサイドマン、ペリメーター、ペリメータープレイヤー
〈対〉インサイドプレイヤー、ポストマン

アウトサイドマン
Outside man

オフェンスにおいて、主にアウトサイドでプレイするプレイヤー。
〈同〉アウトサイドプレイヤー、ペリメーター、ペリメータープレイヤー
〈対〉インサイドプレイヤー、ポストマン

アウトナンバー
Outnumber

有効な攻撃が展開できるエリアで、オフェンス側がディフェンス側よりプレイヤーの数で上回っている状況。
〈同〉オーバーナンバー

アウトレット
Outlet

ボールをプレイヤーが密集しているエリアから外の空いているエリアに移動させること。

アウトレットパス
Outlet pass

ゴール下のプレイヤーが密集しているエリアにおいてディフェンスリバウンドのボールを獲得したプレイヤーが、オフェンスに転じるため、密集しているエリアの外に位置する味方プレイヤーに出すパス。

アクティブオフィシャル
Active official

スローインやフリースローの時にボールをプレイヤーに与える審判。ジャンプボールの時にボールをトスアップする審判。
〈対〉フリーオフィシャル

アクティング
Acting

相手との偶然の触れ合いをおおげさに見せたり、相手に突き当たられたかのようにわざとらしくたおれたりして、相手のファウルに見せようとすること。
〈同〉フロッピング

アサインマンツーマンディフェンス
Assigned man-to-man defense

各プレイヤーがあらかじめ決められた相手をマークするディフェンス戦術。

アシスタントコーチ
Assistant coach

ヘッドコーチの職務を補佐する者。

ゼネラルマネジャー	
コーチ	ヘッドコーチ
	アシスタントコーチ

アシスタントスコアラー
Assistant scorer

テーブルオフィシャルズとしてスコアボードを操作し、スコアラーを補佐する。また、標識を用いてファウルの数の表示を行う者。

アシストパス
Assist pass

パスを受けたプレイヤーが、直接得点に結びつけられるようなパス。ショットが成功した場合だけ記録される。

アジャスト
Adjust

ゲームの状況に応じてポジションやプレイを適するように変化させること。

アタック
Attack

攻撃すること。

アタックアングル
Attack angle

攻撃する角度。

アタックステップ
Attack step

オフェンスプレイヤーが、攻撃する方向に踏み出すステップ。

アップ・アンド・アンダー
Up-and-under

ボールマンが、足の位置関係が前後になっている状態でボールを突き上げてショットフェイクをし、ボール

を素早く下ろすと同時に後ろ足を踏み出してステップインをするプレイ。
〈類〉ステップインショット

アップ・ザ・ライン
Up the line

オフボールマンをマークするディフェンスプレイヤーが、ボールマンとマークマンの間に身体を入れて位置すること。
〈同〉オン・ザ・ライン、ボールサイドオーバープレイ

アップスクリーン
Up screen

スクリーナーがゴールから遠ざかるように動いてセットするオフボールスクリーン。
〈同〉バックスクリーン
〈対〉ダウンスクリーン、ピンダウンスクリーン、フロントスクリーン

アップセット
Upset

ゲーム開始前までの実力から予想される下位のチームが、上位のチームを負かす番狂わせのこと。
〈同〉ジャイアントキリング

アップテンポ
Up-tempo

速いリズムのオフェンスや、攻撃の移り変わりが速い展開のゲーム。

アドバンスステップ
Advance step

前進するステップ。
〈同〉フォワードステップ

アドバンテージ
Advantage

相手に責任のある身体の触れ合いが起こっても、プレイヤーが意図した

プレイをつづけられる状態。
〈対〉ディスアドバンテージ

アフタースクリーン
After screen
スクリーンプレイにおいて、ユーザーがスクリーンを使った直後に続くスクリーナーの次なるプレイ。ダイブやポップアウトなど。

アボイド・ザ・ピン
Avoid the pin
ピンニングをされているプレイヤーがこれを外すこと。

アライメント
Alignment
オフェンスプレイヤーまたはディフェンスプレイヤーのコート上の配置。

アラウンド・トゥ・ザ・ゴール
Around to the goal
アウトサイドスクリーンにおいて、ハンドオフパスを行わずにユーザーがスクリーナーを通過後、バスケットにカットするプレイ。

アリウープ
Alley-oop
ジャンプをして空中でレシーブしたボールを着地せずにそのままショットするプレイ。

アリウープパス
Alley-oop pass
アリウープを成立させるために、高く放り上げられたパス。

アングルカット
Angle cut
斜めに鋭く動くカット。

アングルシューター
Angle shooter
0度あたりからのショットを高確率で成功させるプレイヤー。

アンクルブレイカー
Ankle breaker

アンクルブレイクをできるほどのスキルを持っているプレイヤー。

アンクルブレイク
Ankle break

ドリブラーが連続的、または鋭い切り返しなどにより、マークされているディフェンスプレイヤーのバランスを崩し転倒させること。

アンスポーツマンライクファウル
Unsportsmanlike foul

規則の精神を逸脱した触れ合いによるファウル。
〈同〉フラグラントファウル

アンダーガーメント
Undergarment

ユニフォームの下に履くパンツタイツ等。

アンダーハンドパス
Underhand pass

アンダースローで低い位置から出されるパス。

アンダーハンドレイアップショット
Underhand lay-up shot

ゴール近辺において前腕回外位の状態でボールの底面を保持し、前腕を大きく回内することなく放たれるランニングショット。
〈同〉レイアップショット
〈類〉オーディナリーレイアップショット

アンティシペーション
Anticipation

予測するという意味。

アンドワン
And-one

ショットモーション中にファウルをされ、なおかつショットされたボールがバスケットに入ること。得点が認められ1本のフリースローが与えられる。
〈同〉バスケットカウント

アンパイア
Umpire

副審。

イ

イージーショット
Easy shot

得点するのが簡単なシチュエーションのショット。ノーマークのレイアップショットやゴール下付近のショットなど。

イージーバスケット
Easy basket

イージーショットを成功させること。

イーストウエスト
East west

パスによってボールを片側のサイドから反対側のサイドへ大きく移動させること。
〈同〉スイング

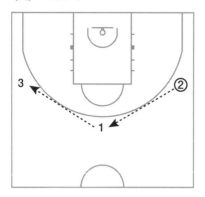

1次速攻
Primary fast-break

チームがボールを保持した瞬間、その地点から相手チームのプレイヤーが帰陣する前に、ボールを高確率なショットを放つことが可能なエリアへ進め、得点を追求する速い攻撃。
〈同〉速攻、ファストブレイク、プライマリーオフェンス、プライマリーブレイク
〈類〉ガン・アンド・ランオフェンス、ラン・アンド・ガンオフェンス

1番ポジション

主にボール運びやフォーメーションの指示、パスの配給などコート上の司令塔となるポジション。
〈同〉ポイントガード、リードガード

1線

ボールマンをマークするディフェンスプレイヤー。

イリーガルコンタクト・トゥ・ザ・ハンド
Illegal contact to the hand

ショットモーション中のプレイヤーの上肢に対するファウル。

イリーガルスクリーン
Illegal screen

規則で認められていないスクリーン。ムービングスクリーンなど。
〈対〉リーガルスクリーン

イリーガルドリブル
Illegal dribble

ドリブルのルールに違反した場合に課されるバイオレイション。

インサイド
Inside

①コート上のある地点を境にした時の、ゴールに近い側のエリア。
　〈同〉ローサイド
　〈対〉アウトサイド、ハイサイド
②ゴール下近辺。

インサイドアウト
Inside-out

インサイドに位置するボールマンがアウトサイドに位置するオフボールマンにパスをするプレイ。
〈同〉パスアウト、リリースパス

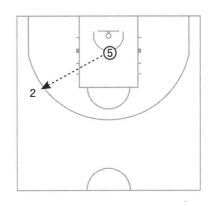

インサイドアウトドリブル
Inside-out dribble

ドリブルをついている手の反対側の方向にボールを移動させ、ボールをバウンドさせる前に逆方向に切り返し、その後、ボールをバウンドさせるドリブル。一連の動作は左右どちらか一方の手で行う。
〈同〉インサイドチェンジドリブル

インサイドアウトモーション
Inside-out motion

インサイドアウトドリブルにおける円を描くような手の動き。

インサイドゲーム
Inside game

ポストエリアに位置するオフェンスプレイヤーを積極的に利用した攻撃。
〈同〉ピボットオフェンス

インサイドシール
Inside seal

ゴール下近辺で行うシール。

インサイドスクリーン
Inside screen

オフボールマンがボールマンをマークするディフェンスプレイヤーの進路に位置を占めることで、ディフェンスプレイヤーの動きを妨げるプレイ。
〈同〉ピックプレイ

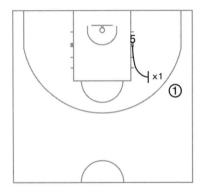

インサイドターン
Inside turn

ゴールに近いほうの足を軸にしたターン。

インサイドチェンジドリブル
Inside change dribble

ドリブルをついている手の反対側の方向にボールを移動させ、ボールをバウンドさせる前に逆方向に切り返し、その後、ボールをバウンドさせるドリブル。一連の動作は左右どちらか一方の手で行う。
〈同〉インサイドアウトドリブル

インサイドパス
Inside pass

ポストエリアに位置するプレイヤーへのパス。
〈類〉パスフィーディング・ザ・ポスト、パスフィード、ポストフィード

インサイドハンド
Inside hand

ディフェンスプレイヤー、もしくはオフェンスプレイヤーのゴールに近いほうの手。
〈対〉アウトサイドハンド

インサイドハンドレイアップショット
Inside hand lay-up shot

ゴールに近いほうの手でボールを放つレイアップショット。

インサイドフット
Inside foot

①ディフェンスプレイヤーに近いほうのオフェンスプレイヤーの足。
〈対〉アウトサイドフット
②ゴールに近いほうのオフェンスプレイヤーの足。
〈同〉内足
〈対〉アウトサイドフット、外足

インサイドプレイヤー
Inside player

オフェンスにおいて、主にインサイドでプレイするプレイヤー。
〈同〉ポストマン
〈対〉アウトサイドプレイヤー、アウトサイドマン、ペリメーター、ペリメータープレイヤー

インサイドヘルプ
Inside help

アウトサイドに位置するオフボールマンをマークするディフェンスプレイヤーがインサイドに位置するボールマンに対して行うヘルプディフェンス。
〈同〉カバーダウンポスト

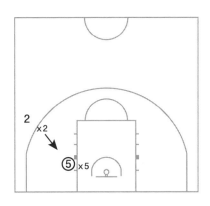

インサイドロール
Inside roll

スクリーナーがスクリーンをセットした際のインサイドフットを軸にしてバックターンをすること。
〈類〉ロールオフ

インサイドワーク
Inside work

ゲームにおける頭脳的なプレイ、または作戦など。

インスタントスコアラー
Instant scorer

ベンチから出場してすぐに得点するプレイヤー。

インスタントリプレイ システム
Instant replay system

レフェリーが規則に定められた事項

を確認する際に用いる、あらかじめ用意され、ゲーム前に承認される専用の機器。

インターセプター
Interceptor

インターセプトをねらう役割を担うディフェンスプレイヤー。

インターセプト
Intercept

相手チームの持っているボールの所有権を、パスカットやドリブルカットなどにより奪い、自チームのボールにすること。
〈同〉スティール

インターチェンジ
Interchange

プレイヤーの配置を変えること。
〈同〉ポジションチェンジ

インターナショナルルール
International rules

FIBAが制定している国際ルール。世界選手権やオリンピックなどはインターナショナルルールに則って行われる。

インターバル
Interval

各ピリオド間の休憩。

インターフェア
Interfere

バスケットの下からボールを押し出したり、バスケットやボードに触れたりしてショットを妨害するバイオレイション。

インチステップ
Inch step

小刻みに踏むステップ。

インバウンズ
Inbounds

コート内のエリア。
〈対〉アウトオブバウンズ

インバウンズパス
Inbounds pass

コート外からスローインするパス。

インバウンズプレイ
Inbounds play

戦術的なプレイをともなうスローイン。
〈同〉アウトオブバウンズプレイ

インバウンダー
Inbounder

コート外からスローインをするプレイヤー。

インバウンド
Inbound

コート外からスローインをすること。

インライン
In-line

オフェンスプレイヤーが移動した際に、そのプレイヤーをマークするディフェンスプレイヤーがマークマンよりもゴールに近い位置を移動した際の軌道。

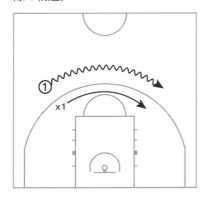

ウ

ウィークサイド
Weak side

① バスケットとバスケットを結ぶ仮想線（ミドルライン）でコートを縦に2分した2つエリアのうち、ボールがないほうのエリア。
〈同〉オフボールサイド、ヘルプサイド
〈対〉ボールサイド、ストロングサイド

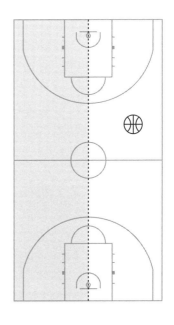

② ある地点とバスケットを結ぶ仮想線でコートを2分した2つエリアのうち、ディフェンスプレイヤーの人数が少ないか、ミスマッチが生じているなどの理由でディフェンス側のチームの条件がオフェンス側のチームより劣る側のエリア。
〈対〉ストロングサイド

③ ディフェンスプレイヤーが、左右の足の位置関係を変えなければ、オフェンスプレイヤーの攻撃に対応することができないほうのサイド。

〈対〉ストロングサイド
④ある地点において、エンドライン側のエリア。
〈対〉ストロングサイド
⑤審判において、バスケットとバスケットを結ぶ仮想線（ミドルライン）でコートを縦に2分した2つエリアのうち、リードオフィシャルがいないほうのエリア。
〈対〉ストロングサイド

ウィークサイドフラッシュ
Weak side flash

オフボールマンがウィークサイドからボールサイドにフラッシュすること。

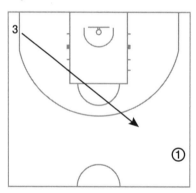

ウィークサイドブロック
Weak side block

ウィークサイド側のキーライン上にある塗りつぶした部分。
〈対〉ボールサイドブロック

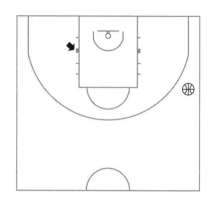

ウィークサイドヘルプ
Weak side help

ウィークサイド側に位置する、オフボールマンをマークするディフェンスプレイヤーによるヘルプディフェンス。

ウィーブ
Weave

パッサーがレシーバーの後ろ、または前を通って交差する動きを、3人以上のプレイヤーが循環的に連続させるプレイ。
〈同〉クリスクロス

ウィング
Wing

①ハーフコートにおいてフリースローラインの仮想延長線と3ポイントラインが交わるあたりのエリア。または、そのエリアでプレイするオフェンスプレイヤー。

〈同〉45度

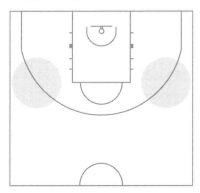

②オールコートにおいてサイドラインに近いエリア。または、そのエリアでプレイするオフェンスプレイヤー。
〈同〉ウィングレーン、サイドレーン

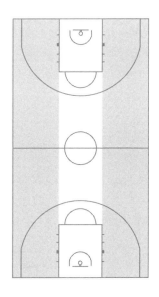

ウィングガード
Wing guard

ウィングに位置しているガードポジションのオフェンスプレイヤー。

ウィングスクリーン
Wing screen

ウィングで行われるスクリーンプレイ。

ウィングデリバリーパス
Wing delivery pass

トップ・オブ・ザ・キーに位置するボールマンからウィングに位置するオフボールマンへのパス。

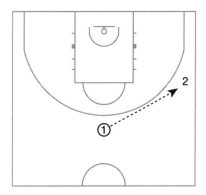

ウィングプレイヤー
Wing player

ウィングでプレイすることが多いプレイヤー。シューティングガード、スモールフォワードなどがウィングプレイヤーとなることが多い。

ウィングポップアウト
Wing pop out

ウィングに向かって飛び出すポップアウト。

ウィングマン
Wing man

ファストブレイクの際に、サイドレーンを走るオフェンスプレイヤー。

ウィングレーン
Wing lane

コートを縦に3等分した際の左右のレーン。
〈同〉ウィング、サイドレーン

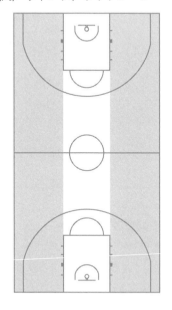

ウォーキング
Walking

トラベリングを意味する。

ウォークスルー
Walk-through

説明を受けたプレイや作戦の動きを実際にコートの上で歩くスピードで確かめること。

内足

ゴールに近いほうのオフェンスプレイヤーの足。
〈同〉インサイドフット
〈対〉アウトサイドフット、外足

エ

エアボール
Air ball

ボールがリングに触れなかったショット。

エクスチェンジ
Exchange

相手チームのオフェンスプレイヤーがマークマンをかわして攻撃をしてきた際、他のオフェンスプレイヤーをマークするディフェンスプレイヤーが自身のマークマンから離れてヘルプディフェンスを行った状況にお

いて、ヘルパーと助けてもらったディフェンスプレイヤーとの2人の間でマークマンを交換すること。
〈同〉スライドオーバー

エクストラパス
Extra pass

ボールマンがショットを放つことができる状況において、自身よりもさらに良い状況でショットすることが可能なプレイヤーに出すパス。

エクスプロージョン
Explosion

スクリーンプレイにおいて、ユーザーがセットされたスクリーンとは反対側をドライブもしくはカットするプレイ。

エクスプロージョンドリブル
Explosion dribble

力強く行うドリブル。

エクスプロード
Explode

爆発するような瞬間的な動き。

Lカット
L cut

プレイヤーの動く軌跡がL字型になるカットのこと。ある場所から目的の場所へ移動する時、いったんゴール方向に移動し、任意の一点で直角に切り返して（L字）目的の場所へ行く動き。

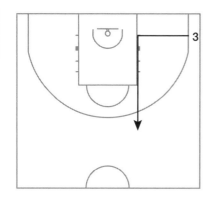

エルボー
Elbow

①制限区域上辺の両端、およびその付近のエリア。

〈同〉ショルダー

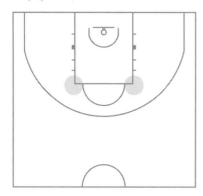

②バックボードのリング上方に描かれている四角形の角。

エルボーイン
Elbow-in

シューティングハンド側の脇をしめること。

エルボーパス
Elbow pass

片方の手でボールを身体の後方に回し、もう一方の腕の肘でボールを叩いて味方のプレイヤーにボールを送るパス。

エレベイションショット
Elevation shot

ストップした状態からジャンプし、最高到達点に達する前にボールを放つショット。ボールを前腕回内位で支え、前腕回内位のままボールを放つ。

参考

「回内位」とは、体側につけていた手を、親指が身体の内側にあるように腕を内側に回旋させること。「回外位」とはその逆で、親指が身体の外側にあるように腕を外側に回旋させること。

エレベイト
Elevat

ジャンプのこと。

延長時限
規定の時間が終わっても同点の場合に、勝敗を決定するためにゲームを継続する時間。5分間。
〈同〉オーバータイム

エンドライン
End line

コートを区画する外周の4本のラインのうち、ゴール後方に引かれた短いほうの2本のライン。
〈同〉ベースライン

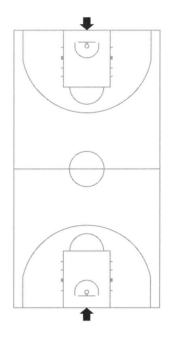

エントリー
Entry

セットオフェンスに入る最初のプレイ。

エントリーパス
Entry pass

セットオフェンスを開始する最初のパス。

エントリーメンバー
Entry member

ゲームにエントリーされ、ゲームに出場することができるメンバー。

オ

エンプティ
Empty

プレイヤーが誰もいないエリア。

MVP

Most Valuable Player の略称。最も活躍したプレイヤーに与えられる賞。

NBA

National Basketball Association の略称。アメリカの男子プロバスケットボールリーグ。現在世界最高峰のプロバスケットボールの組織。

NCAA

National Collegeate Athletic Association の略称。バスケットボール競技のほか、20種目以上もの学生スポーツ団体を取りまとめている組織。

オ

オーディナリー レイアップショット
Ordinary lay-up shot

ゴール近辺において前腕回外位の状態でボールの底面を保持し、前腕を大きく回内することなく2ステップで放たれるランニングショット。
〈類〉アンダーハンドレイアップショット、レイアップショット

オーバー・ザ・トップ
Over the top

フリースローを行う半円のセンターライン寄りの地点。
〈同〉サークルヘッド、トップ・オブ・ザ・キー、ポイント

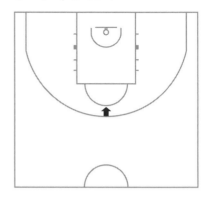

オーバーシフト
Over-shift

ディフェンスプレイヤーが、ある方向を強調して守ること。

オーバータイム
Over time

①規定の時間が終わっても同点の場合に、勝敗を決定するためにゲームを継続する時間。
〈同〉延長時限
②時間制限に関するバイオレイション。3秒ルール違反は「3秒オー

バータイム」、24秒ルール違反は「24秒オーバータイム」など。

オーバーディフェンス
Over defense

ディフェンスプレイヤーが本来とは異なるオフェンスプレイヤーやエリアを守り過ぎてしまうこと。

オーバードリブル
Over dribble

ドリブル中に、ボールを下から支え持つバイオレイション。
〈同〉パーミング、キャリング

オーバーナンバー
Over number

有効な攻撃が展開できるエリアで、オフェンス側がディフェンス側よりプレイヤーの数で上回っている状況。
〈同〉アウトナンバー

オーバーハンドレイアップショット
Overhand lay-up shot

ボールを保持する側の前腕を回内位で構え、前腕が回内位のままセットショットのように放つランニングショット。
〈同〉クローズアップショット

オーバープレイ
Overplay

オフェンスプレイヤーに特定のプレイをさせないことを目的として、ディフェンスプレイヤーが通常の動きの範囲を超えてディフェンスしたり、ある動きを強調したりすること。

オーバーヘッドパス
Overhead pass

ボールを頭の上から出すパス。

オーバーヘルプ
Over help

ディフェンスプレイヤーがヘルプディフェンスをし過ぎてしまうこと。

オーバーロード
Overload

あるエリアにおいて、ディフェンスプレイヤーの人数よりも多くオフェンスプレイヤーを配置させること。

オープン
Open

①ディフェンスプレイヤーがいないスペース。
②オフェンスプレイヤーがディフェンスプレイヤーにマークされていない状態。
〈同〉ノーマーク、フリー、フル

オープン、ワイドオープン

オープンアップ
Open up

オフボールマンがディフェンスプレイヤーのいないスペースに移動すること。

オープンショット
Open shot

ノーマークの状態でのショット。

オープンスタンス
Open stance

オフボールマンをマークするディフェンスプレイヤーが、ゴールを背にし、自身とバスケットを結ぶラインの延長線よりもボール方向に身体の正面を向けて構えるスタンス。
〈対〉クローズドスタンス

オープンステップ
Open step

ピボットフットに対してリードフットが交差しないステップ。
〈対〉クロスオーバーステップ

オープンディナイ
Open deny

オフボールマンをマークするディフェンスプレイヤーがオープンスタンスの状態で、マークするオフボールマンとボールをつなぐパスコースを塞いでマークマンにボールをレシーブさせないようにするディフェンス。
〈対〉クローズディナイ

オープンプレイヤー
Open player

ディフェンスプレイヤーにマークされていないオフェンスプレイヤー。
〈同〉オープンマン

オープンマン
Open man

ディフェンスプレイヤーにマークされていないオフェンスプレイヤー。
〈同〉オープンプレイヤー

オープンレーン
Open lane

ディフェンスプレイヤーがいないレーン。

オールウェイズムービング
Always moving

審判が絶えず的確な位置を探し求めて動きつづけること。

オールウェイズ・ルック・アット・バスケット
Always look at basket

オフェンスプレイヤーがボールを保持した際、常にバスケットを見ること。

オールコート
All court

バックコート（自陣）とフロントコート（相手陣内）を合わせたコート全体。
〈同〉フルコート

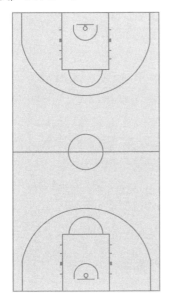

オールコートディフェンス
All court defense

オールコートに渡って守るディフェンス。

オールコートプレスディフェンス
All court press defense

オールコートに渡って展開するプレスディフェンス。
〈同〉フルコートプレスディフェンス

オールコートマンツーマンディフェンス
All court man-to-man defense

オールコートに渡って展開するマンツーマンディフェンス。
〈同〉フルコートマンツーマンディフェンス

オールパーパスオフェンス
All purpose offense

すべてのディフェンス戦術に適用可能なオフェンス戦術。
〈類〉マルティプルオフェンス

オールラウンダー
All-rounder

インサイドもアウトサイドも全てのポジションをこなせる万能プレイヤー。
〈同〉オールラウンドプレイヤー、ユーティリティプレイヤー

オールラウンドプレイヤー
All-round player

インサイドもアウトサイドも全てのポジションをこなせる万能プレイヤー。
〈同〉オールラウンダー、ユーティリティプレイヤー

オフアーム
Off-arm

①ボールを保持ないし操作していない方の腕。
②ワンハンドショットの際に、添えている方の手（腕）。

オフィシャルズ
Officials

審判。主審（レフェリー）1人および副審（アンパイヤー）1人または2人。

オフィシャルズテーブル
Officials table

ゲーム中にテーブルオフィシャルズが座るエリア。ゲームがよく見えるコート中央に設置される。

オフィシャルワーニング
Official warning

審判がプレイヤーとそのチームのコーチの両者に与える正式な注意・警告。

オフェンシブレイティング
Offensive rating

100回のポゼッションあたりの得点。

オフェンス
Offense

ボール保持の権利を得た攻撃。
〈対〉ディフェンス

オフェンスファウル
Offense foul

オフェンスプレイヤーが犯したファウル。

オフェンスプレイヤー
Offense player

オフェンス側のプレイヤー。
〈対〉ディフェンスプレイヤー、ディフェンダー

オフェンスリバウンド
Offense rebound

オフェンスプレイヤーがリバウンドボールを獲得すること。
〈対〉ディフェンスリバウンド

オフガード
Off guard

①コート上の2人のガードプレイヤーのうち、ポイントガードではないほうの、もう1人のガードプレイヤー。
〈類〉シューティングガード、セカンドガード、2番ポジション
②コート上の2人のガードプレイヤーのうち、ボールを保持していないほうのガードプレイヤー。

オフ・ザ・ボール
Off the ball

プレイヤーがボールを持っていない状態のこと。
〈同〉オフボール
〈対〉オン・ザ・ボール、オンボール

オフバランス
Off balance

バランスを崩すこと。

オフボール
Off-ball

プレイヤーがボールを持っていない状態のこと。
〈同〉オフ・ザ・ボール
〈対〉オン・ザ・ボール、オンボール

オフボールサイド
Off-ball side

バスケットとバスケットを結ぶ仮想線（ミドルライン）でコートを縦に2分した2つエリアのうち、ボールがないほうのエリア。
〈同〉ウィークサイド、ヘルプサイド
〈対〉ボールサイド、ストロングサイド

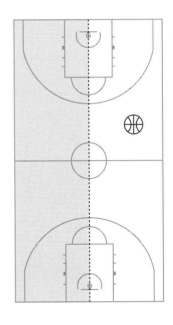

オフボールスクリーン
Off-ball screen

オフボールマンのユーザーとオフボールマンのスクリーナーによるスクリーンプレイ。
〈対〉オンボールスクリーン

オ

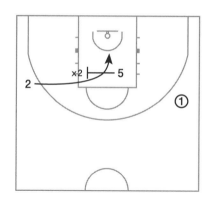

オフボールディフェンス
Off-ball defense
オフボールマンに対するディフェンス。

オフボールポジション
Off-ball position
ボールのないエリア。

オフボールマン
Off-ball man
ボールを保持していないオフェンスプレイヤー。
〈対〉ボールマン

オペレーションゾーン
Operation zone
プレイヤーのシュート力によって異なるが、ワイドオープンならば無理なくショットを放てるエリア。
〈同〉シューティングエリア、ショットエリア、ショットレンジ

オポジットサイド
Opposite side
コートのオフィシャルズテーブルから遠いほうのサイド（オフィシャルズテーブルの反対側のサイド）。
〈対〉テーブルサイド

オルタネイティングポゼッションアロー
Alternating possession arrow
オルタネイティングポゼッションルールによって、次にボール所有権が与えられるチームが攻撃する方向を示しておく赤色のポゼッションアロー（矢印）を表示する器具。

オルタネイティングポゼッションルール
Alternating possession rule
ゲーム中、ジャンプボールシチュエイションになった時、両チームが交互にスローインをしてゲームを再開するルール。

オンサイドステップ
On-side step
進行方向側の足で踏み出すこと。

オン・ザ・ボール
On the ball
プレイヤーがボールを保持している

状態のこと。
〈同〉オンボール
〈対〉オフ・ザ・ボール、オフボール

オン・ザ・ライン
On the line

オフボールマンをマークするディフェンスプレイヤーが、ボールマンとマークマンの間に身体を入れて位置すること。
〈同〉アップ・ザ・ライン、ボールサイドオーバープレイ

オンボール
On-ball

プレイヤーがボールを保持している状態のこと。
〈同〉オン・ザ・ボール
〈対〉オフ・ザ・ボール、オフボール

オンボールスクリーン
On-ball screen

ボールマンがスクリーナーもしくはユーザーとなるスクリーンプレイ。
〈対〉オフボールスクリーン

オンボールディフェンス
On-ball defense

ボールマンに対するディフェンス。

カ

カーテンスクリーン
Curtain screen

複数のスクリーナーが横に並んでセットする形態のスクリーン。
〈同〉ダブルスクリーン

カールアラウンド／カールカット

ガード
Guard

主にアウトサイドショットやドライブにより得点を狙い、ボール運びの役割を担うポジション。略称はG。

通常、ポイントガードとシューティングガードとに分けられる。

カール
Curl

巻きこむような動き。

カールアラウンド
Curl around

ユーザーが、スクリーナーを回り込むようにしてカットするプレイ。
〈同〉カールカット、タイトカット

カールカット
Curl cut

ユーザーが、スクリーナーを回り込むようにしてカットするプレイ。
〈同〉カールアラウンド、タイトカット

カウンター
Counter

①自身にパスされたボールに向かって動き、レシーブするプレイ。
〈同〉パスミート、ボールミート、ミート・ザ・ボール
②自身にパスされたボールに向かって飛び出して行くオフボールマン。

カウンターアタック
Counterattack

反撃、逆襲、対抗策のこと。

カウンタームーブ
Countermove

ある方向性をもった相手の動きに対して、その逆をつく動き。

カッター
Cutter

カットするプレイヤー。

カッティング
Cutting

オフェンスプレイヤーが、ディフェンスエリアを切り込むように移動すること。

カッティングライン
Cutting line

カットの開始する地点と、目的地点

を結んだ仮想線。

カット
Cut

①オフェンスプレイヤーによるディフェンスエリアを切り込むプレイ。移動する軌跡や移動の方向を示す言葉を伴って、Vカット、カットインなどと呼ばれる。
〈同〉カットプレイ

②ディフェンスプレイヤーがオフェンス側のチームのコントロールしているボールに触れて、ボールの動きを止める行為。

カットアウェイ
Cut away

あるポジションから離れていくカット。スクリーナーがスクリーンをセットした後、ゴール方向へカットする動きや、パッサーがパスした方向とは反対の方向へカットする動きなどがある。

カットアウト
Cut out

アウトサイドへ向かうカット。

カットイン
Cut in

ゴールへ向かうカット。

カットディフェンス
Cut defense

カットプレイに対するディフェンス。

カットハイ
Cut high

ハイポストへ向かうカット。

カットバック
Cut back

あるポジションに戻っていくカット。

カットプレイ
Cut play

オフェンスプレイヤーによるディフェンスエリアを切り込むプレイ。
〈同〉カット

カットボール
Cut ball

ディフェンスプレイヤーのカットしたボールがアウトオブバウンズとなること。

カットロー
Cut low

ローポストへ向かうカット。

ガナー
Gunner

シュートを打つことを好むプレイヤー。

〈同〉チャッカー

カバーダウンポスト
Cover down post

アウトサイドに位置するオフボールマンをマークするディフェンスプレイヤーがインサイドに位置するボールマンに対して行うヘルプディフェンス。
〈同〉インサイドヘルプ

カバーディフェンス
Cover defense

ディフェンスプレイヤーが、他のディフェンスプレイヤーのマークするオフェンスプレイヤーに対して行うディフェンス。
〈同〉サポート、ヘルプディフェンス

ガベージタイム
Garbage time

点差から考えて事実上勝敗が決してからの残り時間。

ガン・アンド・ランオフェンス
Gun and run offense

ファストブレイクを主体とするオフェンスのスタイル。
〈同〉ラン・アンド・ガンオフェンス
〈類〉一次速攻、速攻、ファストブレイク、プライマリーオフェンス、プライマリーブレイク

キ

キープ・ザ・ミドル
Keep the middle

ウィークサイド側に位置するオフボールマンをマークするディフェンスプレイヤーがミドルレーンに位置し、そのポジションを保つこと。

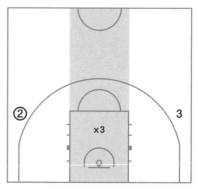

キーライン
Key line

サイドラインと平行に引かれた、制

限区域を形成する縦のライン。

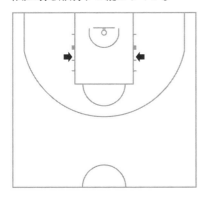

キキムーブ
Kiki move

ディフェンスプレイヤーに接近して守られているドリブラーが、ディフェンスプレイヤーに近いほうの足を蹴り出し、ディフェンスプレイヤーから離れる方向へ移動する動き。元NBAプレイヤーのキキ・バウンディが得意としたプレイの意味で名付けられた。
〈類〉ステップバック

技術

運動課題を達成する際に用いられる合理的で経済的な運動の手段・方法。
〈同〉テクニック

キッキング
Kicking

ボールを故意に足で扱うバイオレイション。偶然足に当たった場合は違反にならない。
〈同〉キックボール

キックアウト
Kickout

アウトサイドに位置するボールマンがドライブによりインサイドに移動し、アウトサイドに位置するオフボールマンにパスをするプレイ。
〈同〉ドライブ・アンド・キック、パンチアウト

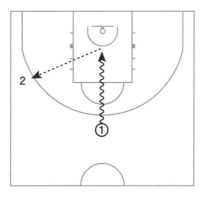

キックバック
Kickback

オフェンスプレイヤーがディフェンスプレイヤーから離れるようにフロアを蹴って後退すること。

キックボール
Kick ball

ボールを故意に足で扱うバイオレイ

ション。偶然足に当たった場合は違反にならない。
〈同〉キッキング

技能
技術を遂行するための能力。
〈同〉スキル

ギブ・アンド・ゴー
Give and go

パッサーがパスをした後すぐに走って移動するプレイ。
〈同〉パス・アンド・カット、パス・アンド・ゴー、パス・アンド・ラン

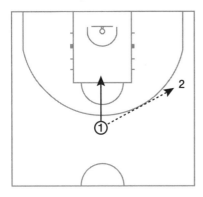

キャッチ
Catch

ボールをつかむこと。

キャッチアップ
Catch-up

ディフェンスプレイヤーが自身のマークすべきオフェンスプレイヤーを捕えてディフェンスの体勢をとること。
〈同〉ピックアップ

キャッチ・アンド・ショット
Catch and shot

ボールをキャッチした後、すぐにショットを放つこと。

キャッチ・アンド・ダイブ
Catch and dive

ボールをキャッチした後、すぐにゴールへ向かって攻めること。

キャッチ・アンド・フェイス
Catch and face

ボールをキャッチした後、すぐにスクエアアップをすること。

キャッチボイス
Catch voice

オフボールマンがボールマンに対してボールを受けたいこと、受けられる状態であることをアピールする際に発する声。

ギャップ
Gap

①ゾーンディフェンスにおけるディフェンスプレイヤー同士の間に生

じるスペース。
② 1対1の局面において、ディフェンスプレイヤーがオフェンスプレイヤーとの間にとるスペース。

キャリング
Carrying

ドリブル中に、ボールを下から支え持つバイオレイション。
〈同〉オーバードリブル、パーミング

ギャロップステップ
Gallop step

ドリブラーがボールを保持する直前に踏み切り、身体が空中にある状態でボールを掴んで両足で着地するステップ。
〈類〉ゼロステップ

ギャンブル
Gamble

成功する見込みの低いプレイを実行すること。

ク

クァドラプルダブル
Quadruple double

1人のプレイヤーが1試合で得点、リバウンド、アシスト、スティール、ブロックショットのうち、4部門で2ケタ以上の成績を残すこと。

クイックショット
Quick shot

ショットモーションのスタートからボールを放つまでが素早いショット。

クイックスコア
Quick score

短時間で得点すること。

クイックスタート
Quick start

止まっている状態から急に動き出したり、ゆっくり動いている状態から急にスピードを速めること。

クイックストップ
Quick stop

小さく跳んで、短い時間で止まるジャンプストップ。

クイックドロップドライブ
Quick drop drive

パスされたボールをキャッチせずに、フロアに落としてドライブにつなげるプレイ。

クイックパス
Quick pass

ボールをレシーブしてからパスを出すまでのボール保持時間が短い、素早い動作で行うパス。

クイックヒッター
Quick hitter

短時間でショットを放つことを意図したセットプレイ。

クィントプルダブル
Quintuple double

1人のプレイヤーが1試合で得点、リバウンド、アシスト、スティール、ブロックショットの5部門で2ケタ以上の成績を残すこと。

クォーター
Quarter

ゲーム中の区切りとなる単位。1ゲームを4つのクォーターに区切って行う。
〈同〉ピリオド

クォーターターン
Quarter turn

体の向きをおよそ90度変えるターン。

グライドラン
Glide run

オフェンスプレイヤーの真横を並走するディフェンスの方法。

グラスピングリバウンドボール
Grasping rebound ball

リバウンドでキャッチしたボールを確実につかんで離さないこと。

クラッチシューター
Clutch shooter

勝敗を決定する大事な場面で放つショットを決めるシューター。土壇場に強いシューター。

クラッチショット
Clutch shot

勝敗を決定する大事な場面で放つショット。

クラッチタイム
Clutch time

接戦において、勝敗を決定づける試合終盤の局面。

クラッチパス
Clutch pass

ゲームの勝敗を決定するほど重要なパス。クラッチショットにつながるパス。

クラッチプレイヤー
Clutch player

クラッチパスやクラッチショットなどゲームの勝敗を決定するプレイを成功させるプレイヤー。土壇場の勝負に強いプレイヤー。

クリーンショット
Clean shot

ボールがバックボードやリングに触れずにゴールすること。
〈同〉スウィッシュショット、ナッシング・バット・ネット

クリア
Clear

ポジションを空けること。
〈同〉クリアアウト

クリアアウト
Clearout

ポジションを空けること。
〈同〉クリア

クリスクロス
Criss cross

パッサーがレシーバーの後ろ、または前を通って交差する動きを、3人以上のプレイヤーが循環的に連続させるプレイ。
〈同〉ウィーブ

車椅子ツインバスケットボール
Wheelchair twin basketball

3.05mと1.2mの高さの2つのバスケットを使用し、プレイヤーが車椅子に乗ってプレイする競技。

車椅子バスケットボール
Wheelchair basketball

プレイヤーが車椅子に乗ってプレイする競技。

クローズアウト
Closeout

ディフェンスプレイヤーがボールマンとの間合いを詰めること。

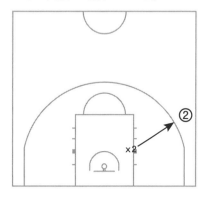

クローズアップショット
Close up shot

ボールを保持する側の前腕を回内位で構え、前腕が回内位のままセットショットのように放つランニングシ

ョット。
〈同〉オーバーハンドレイアップショット

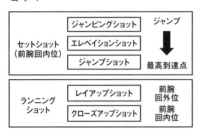

クローズ・ザ・ゲート
Close the gate

オフボールマンをマークするディフェンスプレイヤーが、ボールマンの進路に立ちはだかり、進行を止める動き。
〈同〉シャット・ザ・ゲート

クローズダウン
Close down

ボールマンをマークするディフェンスプレイヤーが、ゴールライン上をボールマンの方向を向いたままゴール方向へ下がること。
〈類〉スライドダウン

クローズディナイ
Close deny

オフボールマンをマークするディフェンスプレイヤーがクローズドスタンスの状態で、マークするオフボールマンとボールをつなぐパスコースを塞いでマークマンにボールをレシーブさせないようにするディフェンス。
〈対〉オープンディナイ

クローズドスタンス
Closed stance

オフボールマンをマークするディフェンスプレイヤーが、ゴールを背にし、自身とバスケットを結ぶラインの延長線よりもマークマンの方向に身体の正面を向けて構えるスタンス。
〈対〉オープンスタンス

クロースリーガーディング
Closely guarding

ディフェンスプレイヤーがボールマンに接近してパスやドリブル、ショットができないようにディフェンスすること。

クロス
Cross

2人のプレイヤーが交差すること。

クロスオーバー
Crossover

①片側サイドから反対側のサイドへコートを横切ること。

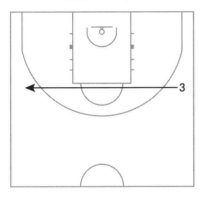

②クロスオーバードリブルの略称。

クロスオーバーショット
Crossover shot

片側サイドから反対側のサイドへとミドルラインを横切りながらステップを踏んで放つショット。

クロスオーバーステップ
Crossover step

①進行方向と反対側の足を、進行方向側の足の前に交差させ、身体の側方に移動するステップ。
〈同〉クロスステップ

②ピボットフットに対してリードフットが交差するステップ。
〈対〉オープンステップ

クロスオーバードライブ
Crossover drive

クロスオーバーステップからのドライブ。
〈対〉ストレートドライブ

クロスオーバードリブル
Crossover dribble

身体の正面で身体の中心をボールが交差するドリブルチェンジ。
〈同〉フロントチェンジ

クロスオーバームーブ
Crossover move
クロスオーバードリブルによってディフェンスプレイヤーを抜き去る動き。

クロスゲーム
Close game
リードが何度も入れ替わる接戦。
〈同〉シーソーゲーム

クロスコートスクリーン
Cross court screen
スクリーナーがミドルラインを横切って反対側のサイドへ移動し、セットするオフボールスクリーン。代表的な例として、ボールサイドのローポストに位置するプレイヤーが、ウィークサイドのローポストに位置するプレイヤーのマークマンにスクリーンをセットするオフボールスクリーンがあげられる。
〈同〉クロススクリーン
〈類〉ブロック・トゥ・ブロックスクリーン、ポスト・トゥ・ポストスクリーン

クロスコートパス
Cross court pass
片方のサイドから反対側のサイドへと、ボールがミドルラインを横切るパス。

〈類〉サイドチェンジパス、スイングパス

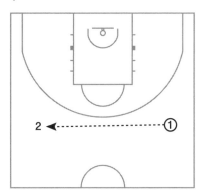

クロススクリーン
Cross screen
スクリーナーがミドルラインを横切って反対側のサイドへ移動し、セットするオフボールスクリーン。代表的な例として、ボールサイドのローポストに位置するプレイヤーが、ウィークサイドのローポストに位置するプレイヤーのマークマンにスクリーンをセットするオフボールスクリーンがあげられる。
〈同〉クロスコートスクリーン
〈類〉ブロック・トゥ・ブロックスクリーン、ポスト・トゥ・ポストスクリーン

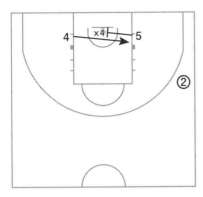
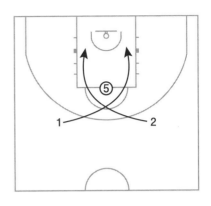

クロスコートスクリーン／クロススクリーン

クロスステップ
Cross step

進行方向と反対側の足を、進行方向側の足の前に交差させ、身体の側方に移動するステップ。
〈同〉クロスオーバーステップ

クロッシング・オフ・ザ・ポスト
Crossing off the post

アウトサイドに位置する2人のオフボールマンが、ボールを保持したポストマンの周りを時間差的に交差してカットするプレイ。
〈同〉シザース、スプリット・ザ・ポスト

ケ

ゲームクロック
Game clock

ゲームの時間を計る時計。

ゲームタイム
Game time

試合時間。

> **参考**
> FIBAが制定するインターナショナルルールは、10分を1つのピリオド（クォーター）とする4ピリオド制。日本では原則的に高校生以上がこのルールを適用している。中学生は「1ピリオド8分」、小学生（ミニバスケットボール）は「1ピリオド6分」で、それぞれ4ピリオド制でおこなわれる。日本で人

気のあるNBAは1ピリオド12分の4ピリオド制で、NCAAは20分の前・後半方式でおこなわれている。

ゲームメーカー
Game maker

ゲームを組み立てるプレイヤー。〈同〉プレイメーカー

ゲームメイク
Game make

ゲームを組み立てること。

ケイジャー
Cager

バスケットボールプレイヤーのこと。〈同〉ボーラー

コ

コースチェック
Course check

相手プレイヤーの進路に入り、動きをはばむこと。

コースチェンジ
Course change

進行方向を変えること。

コースト・トゥ・コースト
Coast to coast

ディフェンスリバウンドを獲得したプレイヤーがそのままドリブルでボールを運び、ショットに持ち込むプレイ。

コーチ
Coach

ゲーム中、チームを統率、代表し、統括して指導・指揮する者。

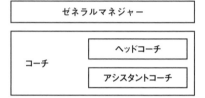

ゴー・トゥ・ガイ
Go-to guy

重要な場面において、最も頼れるプレイヤー。

コートチェンジ
Court change

前後半で攻撃するバスケットを替えること。

コートバランス
Court balance

コート上で5人のオフェンスプレイヤーが占めるポジションの距離的なバランス。

〈同〉フロアバランス

コートビジョン
Court vision

コート上での視野。

コーナー
Corner

ベースラインとサイドラインが交わる内側近辺のエリア。

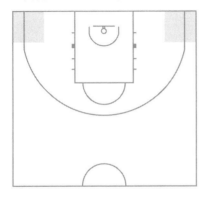

コーリングオフィシャル
Calling official

ファウルやバイオレイションを宣した審判。
〈同〉レポーティングオフィシャル

ゴール
Goal

ライブのボールが上からバスケットに入り、バスケットの中にとどまるか通過すること。

〈同〉スコア、得点

ゴールテンディング
Goaltending

ショットされたボールが落ち始めてから、もしくはショットされたボールがバックボードの表面に触れたあとボール全体がリングより高い位置にある間、またはフリースローのためにショットされてバスケットに向かっているボールがリングに触れる前に、どちらかのチームのプレイヤーがそのボールに触れること。

> **参考**
> オフェンス側のプレイヤーがゴールテンディングもしくはインターフェアをした時は、ボールがバスケットに入っても得点は認められない。ボールがバスケットに入っても入らなくても、規則でそのほかの罰則やスローインの位置が特に定められている場合を除き、フリースローラインの延長線上のアウトオブバウンズで相手チームにボールが与えられ、スローインでゲームを再開する。
> ディフェンス側のプレイヤーがゴールテンディングもしくはインターフェアをした時は、ボー

ルがバスケットに入っても入らなくても、オフェンス側のチームに得点が認められる。その後、通常のフリースローやフィールドゴールが成功した後と同じ方法で、得点が与えられたチームの相手チームがエンドラインのアウトオブバウンズからボールをスローインしてゲームを再開する。

ゴールライン
Goal line

ボールマンとリングの中心を結んだライン。

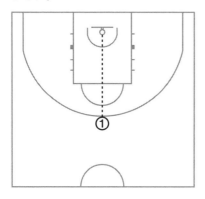

交代席

交代するプレイヤーが待機する席。

参考
NBAやBリーグなどのように交代席を設けず、テーブルオフィシャルズの前の床に座って待機することもある。

後半

ゲームを2つに区切った際の後半分の時間帯。現在のインターナショナルルールでは第3ピリオドと第4ピリオドがこれにあたる。
〈同〉セカンドハーフ

5番ポジション

主にポストプレイなどインサイドで積極的に得点を狙う役割を担うポジション。長身選手が起用されるケースが多い。
〈同〉センター、ピボットマン

5秒ルール

①近接して積極的に防御されたボールマンが5秒以内にパス、ショット、ドリブルのいずれかをしなければならないルール。
②スローインやフリースローの際に審判から渡されたボールを5秒以内に手放さなければならないルール。

コフィンコーナー
Coffin corner

センターラインとサイドラインが交わる内側近辺のエリア。

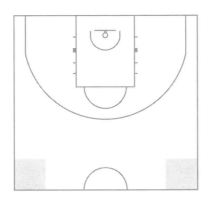

コミッショナー
Commissioner

スコアラーとタイマーの間にすわり、テーブルオフィシャルズの仕事を監督し、主審と副審がゲームを円滑に進行できるように補佐する者。

コンテイン
Contain

ディフェンスプレイヤーが、オフェンスプレイヤーと一定の距離を保ちつつ、継続的にマッチアップしていること。

コンテュニュティーオフェンス
Continuity offense

オフェンスプレイヤーの動きが連続的に繰り返されるオフェンス。
〈同〉サーキュレイション

コントロール
Control

プレイヤーが完全にボールを保持した状態のこと。攻守の位置づけや24秒計カウントが切り替わる基準となる。

コントロールオフェンス
Control offense

プレイヤーの配置や動きのパターンを決めて行うオフェンス。
〈同〉セットプレイ、ナンバープレイ、パターンオフェンス、フォーメーションプレイ
〈対〉フリーオフェンス、フリーランスオフェンス

コントロールゲーム
Control game

ゲームのペースを速くしたり、逆に遅くするなど、コントロールすること。

コントロールドリブル
Control dribble

ディフェンスプレイヤーに接近して守られた時に、ボールを守りながらドリブルを続けること。

コンバージョン
Conversion

攻防の切り替え。
〈同〉トランジション

コンビネーションゾーンディフェンス
Combination zone defense

①ボールやオフェンスの位置などに対応して、いくつかのゾーンディフェンスの種類を組み合わせて使用するディフェンス。
②5名のプレイヤーのうち、何名かがマンツーマンディフェンスを行い、何名かがゾーンディフェンスを行うディフェンス。

コンビネーションディフェンス
Combination defense

相手チームの1回のオフェンスに対して、ゾーンディフェンスとマンツーマンディフェンスを併用するディフェンス。

コンビネーションプレイ
Combination play

2人以上のオフェンスプレイヤーが連係して行うプレイ。

コンボガード
Combo guard

ポイントガードとシューティングガードとの2つのポジションの役割を兼務できるプレイヤー。

サ

サーキュレイション
Circulation

オフェンスプレイヤーの動きが連続的に繰り返されるオフェンス。
〈同〉コンテュニュティーオフェンス

サークルヘッド
Circle head

フリースローを行う半円のセンターライン寄りの地点。
〈同〉オーバー・ザ・トップ、トップ・オブ・ザ・キー、ポイント

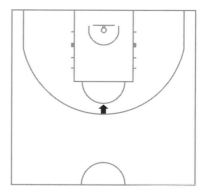

サイディングハイ
Siding high

ポストに位置するオフボールマンをマ

ークするディフェンスプレイヤーが、ボール方向側を正面としてセンターライン側の横から行うディフェンス。

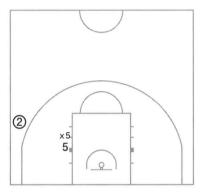

サイディングロー
Siding low

ポストに位置するオフボールマンをマークするディフェンスプレイヤーが、ボール方向側を正面としてエンドライン側の横から行うディフェンス。

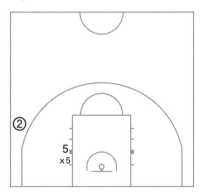

サイドアウト
Side out

ボールやボールを持ったプレイヤーが、サイドラインまたはサイドライン外の物（フロア、人、ベンチ等）に触れること。

サイドスクリーン
Side screen

ユーザーをマークするディフェンスプレイヤーの身体の側面にセットするスクリーン。

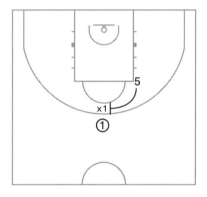

サイドステップ
Side step

身体の側方に移動するステップ。

サイドストップ
Side stop

オフボールマンがボールに対してミートし、ボールをレシーブ後、攻撃しているゴールから遠いほうの足か

ら順にフロアに接地し、バスケットに正対して止まる方法。
〈対〉ストライドストップ

サイドチェンジ
Side change

パスまたはドリブルによってボールサイドを変えること。
〈同〉チェンジコート、チェンジサイド

サイドチェンジパス
Side change pass

ボールサイドを変えるパス。
〈類〉クロスコートパス、スイングパス

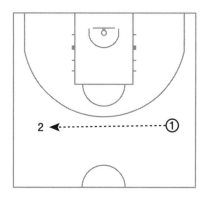

サイドハンドパス
Side hand pass

身体の横から前へ出すパス。

サイドピック
Side pick

ウィングで行われるピックプレイ。

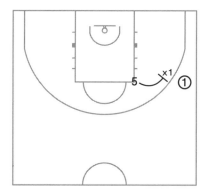

サイドライン
Side line

コートを区画する外周の4本のラインのうち、長いほうの2本のライン。

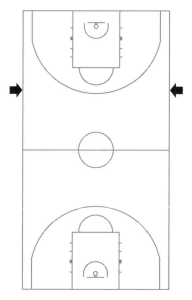

サイドレーン
Side lane

コートを縦に3等分した際の左右のレーン。
〈同〉ウィング、ウィングレーン

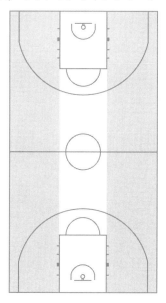

サギング
Sagging

オフボールマンをマークするディフェンスプレイヤーが、自身のマークマンから離れ、ボールラインまで下がってヘルプポジションをとること。
〈同〉サッグ

サッグ
Sag

オフボールマンをマークするディフェンスプレイヤーが、自身のマークマンから離れ、ボールラインまで下がってヘルプポジションをとること。
〈同〉サギング

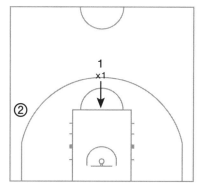

サギング／サッグ

サブスティテューション
Substitution

プレイヤーの交代。
〈同〉メンバーチェンジ

サプライズスクリーン
Surprise screen

スクリーンをセットするディフェンスプレイヤーに悟られないように、突然セットするスクリーン。

サポート
Support

ディフェンスプレイヤーが、他のディフェンスプレイヤーのマークするオフェンスプレイヤーに対して行う

ディフェンス。
〈同〉カバーディフェンス、ヘルプディフェンス

3線
ツーパスアウェイポジションに位置する、オフボールマンをマークするディフェンスプレイヤー。

3線速攻
コートを縦に3つのレーンに区切り、味方プレイヤーがボールを保持すると同時にそれぞれのレーンに1人ずつ走り、ボールをフロントコートへ進めて攻撃するファストブレイク。
〈同〉スリーレーンファストブレイク

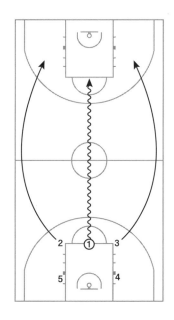

3点プレイ
ショットモーション中にディフェンスプレイヤーからファウルされながらもツーポイントフィールドゴールエリアからのショットを決め、かつファウルによって与えられる1本のフリースローを決めて計3点を得るプレイ。
〈同〉スリーポイントプレイ

3番ポジション
主にインサイドでもアウトサイドでも得点を狙い、オールラウンドな役割を担うポジション。
〈同〉シューティングフォワード、スモールフォワード

3秒ルール

フロントコート内でライブのボールをコントロールしているチームのプレイヤーは、ゲームクロックが動いている間は、相手チームのバスケットに近い制限区域内に、継続的に3秒以上とどまってはならないというルール。

シ

シーソーゲーム
Seesaw game

リードが何度も入れ替わる接戦。
〈同〉クロスゲーム

シーム
Seam

ボールの表皮パネルのつなぎ目。

シール
Seal

オフェンスプレイヤーがディフェンスプレイヤーに、またはディフェンスプレイヤーがオフェンスプレイヤーにぴったりと密着すること。
〈類〉ポストシーリング、ポストシール

シールド
Shield

シューティングハンドと反対側の手と腕でディフェンスプレイヤーをブロックすること。

シェイプアップ
Shape up

スクリーンプレイにおいて、ユーザーがスクリーンを使用した後に、スクリーナーがゴールに近い方の足を軸にバックターンすること。
〈同〉スクリーン・アンド・ロール

シェルディフェンス
Shell defense

ヘルプ・アンド・リカバリーを徹底して、貝殻が閉じるようにディフェンスを固め、特にインサイドでの攻撃を簡単にさせないことを目的としたディフェンス。

シクマムーブ
Sikma move

ローポストに位置するオフボールマンが、エンドラインに背を向け、インサイド側の腕や体側、脚部でディフェンスプレイヤーをシールし、ステップアウトしてボールをレシーブし、アウトサイドフットを軸足に、バックターンをしてディフェンスプレイヤーとの間合いを作り、ディフェンスプレイヤーが対応しなければ

ショット、ディフェンスプレイヤーが間合いを詰めてきたらドライブするプレイ。元NBAプレイヤーのジャック・シクマが得意としたポストムーブ。

シザース
Scissors

アウトサイドに位置する2人のオフボールマンが、ボールを保持したポストマンの周りを時間差的に交差してカットするプレイ。
〈同〉クロッシング・オフ・ザ・ポスト、スプリット・ザ・ポスト

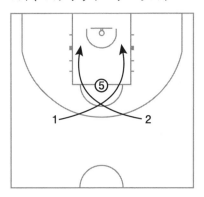

シザースルー
Scissor through

スクリーンプレイに対して、ユーザーをマークするディフェンスプレイヤーがスクリーナーとスクリーナーをマークするディフェンスプレイヤーとの間を通ってスクリーンをすり抜ける動き。
〈同〉シザーリング、スライド、スライドスルー、スルーアンダー

シザーリング
Scissoring

スクリーンプレイに対して、ユーザーをマークするディフェンスプレイヤーがスクリーナーとスクリーナーをマークするディフェンスプレイヤーとの間を通ってスクリーンをすり抜ける動き。
〈同〉シザースルー、スライド、スライドスルー、スルーアンダー

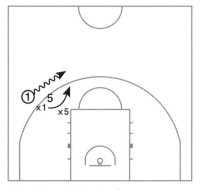

シザースルー／シザーリング

自チームのバスケット
防御するバスケット。
〈対〉相手チームのバスケット

シックスマン
6th man

通常、最初のメンバーチェンジでコートに入るプレイヤー。ペースやムードを変える重要な役目を担っていることが多い。

ジッパースクリーン
Zipper screen
ボックスセットからジッパーのように縦のダウンスクリーンを行うプレイ。

シフト
Shift
①ディフェンスプレイヤー同士がマークマンを交換すること。
〈同〉スイッチ
②ディフェンスプレイヤーがオフェンスプレイヤーの進行方向を限定するポジションをとること。
〈同〉ディレクション

シミュレートゲームコンディション
Simulate game condition
試合中の状態を想定して、より実践的に練習を行うこと。

シャープシューター
Sharp shooter
アウトサイドショットを決める能力が傑出しているプレイヤー。
〈同〉シューティングマシン、ピュアシューター

ジャイアントキリング
Giant killing
ゲーム開始前までの実力から予想される下位のチームが、上位のチームを負かす番狂わせのこと。
〈同〉アップセット

シャット・ザ・ゲート
Shut the gate
オフボールマンをマークするディフェンスプレイヤーが、ボールマンの進路に立ちはだかり、進行を止める動き。
〈同〉クローズ・ザ・ゲート

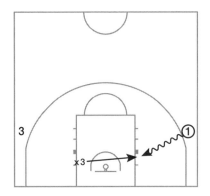

シャッフルオフェンス
Shuffle offense
片側のサイドからポストマンをスクリーナーとしたスクリーンプレイで攻撃が始まり、一連の攻撃が終わった時には、反対側のサイドで同じスターティングポジションができあがっており、逆サイド方向から同じように攻撃を始めるコンテュニュティーオフェンス。

シャッフルカット
Shuffle cut
バックスクリーンを用いたバスケットカット。

ジャブステップ
Jab step
ボールマンが、フリーフットをゴール方向に小さく踏むステップ。

ジャム
Jam
迫力満点で、美しく、芸術的なダンクショットのこと。
〈同〉スラムダンク

シャムゴット
Shammgod
片側の手で、その手側のフロアに突いたボールを反対側の手で受け、身体の前を通して反対側にボールを移動させるドリブルチェンジ。

シャローカット
Shallow cut
アウトサイドからゴール付近まで行かずにペイントエリア付近までを浅く移動するカット。ポジションチェンジやスペースを確保するために用いられる。

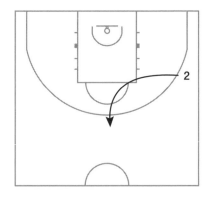

ジャンパー
Jumper

①センタージャンプの際にセンターサークル内に入る両チームのプレイヤー。

②ストップした状態からジャンプし、最高到達点でボールを放つショット。ボールを前腕回内位で支え、前腕回内位のままボールを放つ。

〈同〉ジャンプショット

ジャンピングショット
Jumping shot

ストップした状態から一連のモーションでボールを放つショットで、ボールを放つ局面ではジャンプした状態になる。ボールを前腕回内位で支え、前腕回内位のままボールを放つ。

ジャンプショット
Jump shot

ストップした状態からジャンプし、最高到達点でボールを放つショット。ボールを前腕回内位で支え、前腕回内位のままボールを放つ。

〈同〉ジャンパー

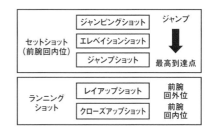

ジャンプスイッチ
Jump switch

スクリーンプレイに対して、スクリーナーをマークするディフェンスプレイヤーがユーザーの進行方向に飛び出してコースに立ちはだかるスイッチ。

〈類〉スイッチアップ

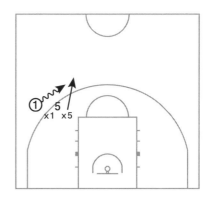

ジャンプストップ
Jump stop

移動している状態からジャンプし、両足を同時に着地させるストップ。

〈同〉ワンカウントストップ

ジャンプ・トゥ・ザ・ボール
Jump to the ball

ボールマンをマークするディフェンスプレイヤーが、パスに合わせてレシーバーとマークマンの間に飛び出すようにしてポジションを変える動き。

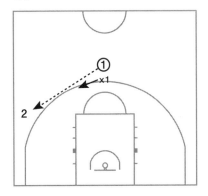

ジャンプパス
Jump pass

ボールマンがジャンプして空中でボールを出すパス。

ジャンプバック
Jump back

ジャンプして一歩後方へ下がるディフェンスプレイヤーの動き。主にアウトサイドに位置するボールマンをマークするディフェンスプレイヤーが、インサイドに位置するオフボールマンへパスされた時、ヘルプディフェンスのためにインサイドへ寄る際に用いられる。

ジャンプフックショット
Jump hook shot

ジャンプして最高到達点でボールを放つフックショット。

ジャンプフリップショット
Jump flip shot

指先ではじくようなジャンプショット。

ジャンプボール
Jump ball

審判が両チームの任意の2人のプレイヤーの間にボールをトスアップすること。
〈類〉センタージャンプ、ティップオフ

ジャンプボールシチュエイション
Jump ball situation

ヘルドボールなど、ボールの保有権の判断が難しい状況のこと。オルタネイティングポゼッションルールに従ってゲームを再開する。インターナショナルルールでは、2002年までこの状況下でのゲームの再開方法としてジャンプボールを採用していたことから、この名称が用いられて

いる。

ジャンプミート
Jump meet

オフボールマンがジャンプをして空中でボールをレシーブするボールミート。

シューター
Shooter

①主にスリーポイントライン付近の、ゴールから離れたエリア辺りからショットを放つ、もしくは得意とするプレイヤー。
〈同〉アウトサイドシューター、ペリメーターシューター
②ショットするプレイヤー。

シューターブロック
Shooter block

ディフェンスプレイヤーが、シューターに対して自分よりもリバウンドボールの獲得に有利なエリアに入れないように身体で壁をつくること。

シューティングアライメント
Shooting alignment

ワンハンドショットを打つ際に、シューティングハンド側のつま先、踵、膝、肩、肘、手首、ボールをシューティングライン上に揃えること。

シューティングエリア
Shooting area

プレイヤーのシュート力によって異なるが、ワイドオープンならば無理なくショットを放てるエリア。
〈同〉オペレーションゾーン、ショットエリア、ショットレンジ

シューティングガード
Shooting guard

主にアウトサイドショットやドライブにより得点を狙い、ポイントガードのボール運びを補佐する役割を担うポジション。略称は SG。
〈同〉セカンドガード、2番ポジション
〈類〉オフガード

シューティングテーブル
Shooting table

ワンハンドショットを構えた際にシューティングハンド側の腕、手首、手のひらがテーブルのようになっている状態。

シューティングハンド
Shooting hand

ワンハンドショットにおけるボールを放つ側の手。
〈対〉バランスハンド

シューティングファウル
Shooting foul

ショットモーションにあるオフェンスプレイヤーに対するディフェンスプレイヤーによるファウル。

シューティングフィンガー
Shooting finger

ワンハンドショットにおいて最後までボールに触れている1本の指。

シューティングフォーク
Shooting fork

ワンハンドショットにおいて最後までボールに触れている人差指と中指のこと。

シューティングフォワード
Shooting forward

主にインサイドでもアウトサイドでも得点を狙い、オールラウンドな役割を担うポジション。
〈同〉スモールフォワード、3番ポジション

シューティングフット
Shooting foot

ワンハンドショットにおけるシューティングハンド側の足。
〈対〉バランスフット

シューティングポケット
Shooting pocket

ショットモーションに入る直前のボールの位置。

シューティングマシン
Shooting machine

アウトサイドショットを決める能力が傑出しているプレイヤー。
〈同〉シャープシューター、ピュアシューター

シューティングライン
Shooting line

ショットにおいてボールとリングの中心を結んだライン。

ショー・アンド・バック
Show and back

スクリーンプレイに対するディフェンスにおいて、スクリーナーをマークするディフェンスプレイヤーが、ユーザーの進行方向に移動してユーザーに対してディフェンスすることをアピールする（見せる）動きをした後、速やかにスクリーナーのディフェンスに戻る方法。
〈類〉ハッチディフェンス

ショーディフェンス
Show defense

ディフェンスプレイヤーが、他のディフェンスプレイヤーのマークするオフェンスプレイヤーに対して、本来位置すべきのポジションを離れてディフェンスすることをアピールする（見せる）動き。

ショートコーナー
Short corner
キーラインとエンドラインとによって構成される2つの角のうち、サイドライン側の角付近のエリア。

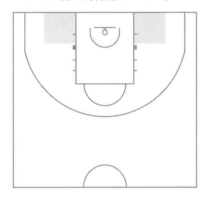

ショートストップ
Short stop
プレスディフェンスにおいてオフェンスプレイヤーにドリブルなどでディフェンスを破られた場合、そのまま抜き去られないようにあらかじめ次のディフェンスプレイヤーを配置しておくこと。また、その役目を担ったディフェンスプレイヤーのこと。

ショートドリブル
Short dribble
ボールマンが接近する2人のディフェンスプレイヤー間を通過する際に用いる、バウンドを低く細かくして行うドリブル。

ショートパス
Short pass
距離の短いパス。

ショートレンジ
Short range
フリースローラインを両側に0.65mずつ延長したラインと、エンドラインの中央から左右2.45mのラインと、その端点が結ばれ区画されたコートの長方形の部分。オフェンスプレイヤーはこの区域内に3秒を超えてとどまることはできない。
〈同〉セーフティゾーン、制限区域、ハウス、フリースローレーン、ペイントエリア、ペイントゾーン、ボックス、レーン

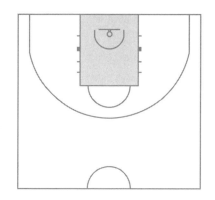

ショーマン
Showman

ショーディフェンスを行うプレイヤー。

ショックショット
Shock shot

ボールをバックボードに当ててバスケットを通過させるショット。
〈同〉バンクショット

ショット
Shot

プレイヤーが相手チームのバスケットへボールを投げ入れようとする動作。
〈同〉スロー

ショットエリア
Shot area

プレイヤーのシュート力によって異なるが、ワイドオープンならば無理なくショットを放てるエリア。
〈同〉オペレーションゾーン、シューティングエリア、ショットレンジ

ショットカット
Shot cut

相手プレイヤーがショットしようとしている、もしくはショットしたボールにディフェンスプレイヤーが触れること。
〈同〉ショットブロック、ブロックショット、リジェクション

ショットクロック
Shot clock

オフェンス側のチームがボールを保持している時間を測る時計。

ショットクロックオペレイター
Shot clock operator

テーブルオフィシャルズの1人で、ショットクロックの操作を担当し、ショットクロックバイオレイションを管理する人。

ショットクロックバイオレイション
Shot clock violation

コート内でライブのボールをコントロールしたチームのプレイヤーが、

制限時間内にショットを放たなかったことによるバイオレイション。

ショットセレクション
Shot selection

どのような状況で、どの場所からショットするのが良いかを選択すること。

ショットタッチ
Shot tough

ショットする際の手の感覚。

ショットチェック
Shot check

ディフェンスプレイヤーがショットモーションにあるプレイヤーのボールに対して手を上げて妨害すること。
〈同〉チャレンジショット、ビッグハンド

ショットチャンス
Shot chance

ショットを放つことができる好機。

ショットフェイク
Shot fake

ボールマンがショットを放つようにボールや身体を動かし、ディフェンスプレイヤーにショットを放つと錯覚させること。

ショットブロック
Shot block

相手プレイヤーがショットしようとしている、もしくはショットしたボールにディフェンスプレイヤーが触れること。
〈同〉ショットカット、ブロックショット、リジェクション

ショット・フロム・ダウンタウン
Shot from downtown

主にスリーポイントライン付近の、ゴールから離れたエリア辺りから放たれるショット。
〈同〉アウトサイドショット、ダウンタウンショット

ショットモーション
Shot motion

ショットを放つ際の一連の動作。

ショットレンジ
Shot range

プレイヤーのシュート力によって異なるが、ワイドオープンならば無理なくショットを放てるエリア。
〈同〉オペレーションゾーン、シューティングエリア、ショットエリア

ショルダー
Shoulder

制限区域上辺の両端、およびその付近のエリア。
〈同〉エルボー

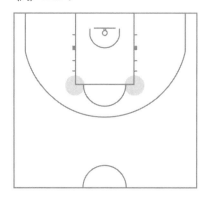

ショルダー・トゥ・ショルダー
Shoulder to shoulder

スクリーンプレイの際に、ユーザーがスクリーナーの肩に自分の肩を接触させるように動くこと。
〈同〉ブラッシュ、ブラッシング

ショルダーパス
Shoulder pass

肩のあたりでボールを構えて片手で出すパス。
〈同〉ベースボールパス

ショルダーフェイク
Shoulder fake

肩の動きを用いたフェイク。

シリンダー
Cylinder

プレイヤーがコート上で普通に足を開いて位置（ノーマルバスケットボールポジション）を占めた時、そのプレイヤーが占めている位置とその真上の空間。

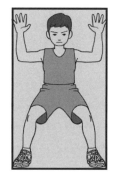

シングルスタック
Single stack

1カ所にスタックを組み込んだプレイ。

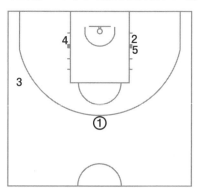

シングルダブル
Single double

1人のスクリーナーと2人のスクリーナーが並んだダブルスクリーンとの2カ所のスクリーンをセットするスクリーンプレイ。具体的には、ボールマンがトップ・オブ・ザ・キーに位置し、片側のブロックに1人のスクリーナーを、逆サイドのブロックにダブルスクリーンをセットする。制限区域内にオフボールマンであるユーザーがポジションを取り、どちらのスクリーンを利用するか、ディフェンスプレイヤーを惑わせるプレイ。

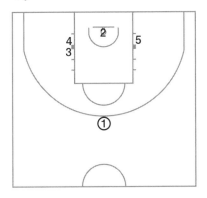

シングルプレス
Single press

ボールマンに対してのみ、オールコートに渡ってプレッシャーをかけるディフェンス。

シングルポストプレイ
Single post play

ポストエリアに1人のポストマンが位置して行うプレイ。

JBA
Japan Basketball Association

日本バスケットボール協会。日本国内におけるバスケットボール競技の統括団体。

ス

スイープ
Sweep

①ボールマンが、身体の片側で保持したボールを反対側へ振って移動させる動き。
　〈同〉スイング、スワイプ、リップ、ワイプ
②1つのシリーズにおいて一方のチームが1度も負けることなく全勝で勝ち上がること。

スイッチ
Switch

①ディフェンスプレイヤー同士がマークマンを交換すること。
　〈同〉シフト
②審判がファウルを宣してボールがデッドになった時、審判がそれぞ

れのポジションを交換すること。

スイッチアップ
Switch up

スイッチにおいて、積極的にスイッチ後のオフェンスプレイヤーの進路に出て行くこと。
〈類〉ジャンプスイッチ

スイッチバック
Switch back

スイッチした後、再び元のマークマンへ戻ること。

スイッチングマンツーマンディフェンス
Switching man-to-man defense

スイッチで対応することが可能な相手チームの攻撃に対して、すべてスイッチで対応するマンツーマンディフェンス。

スイムムーブ
Swim move

オフボールマンがディフェンスプレイヤーにディナイディフェンスやスクリーンアウトをされた際に、腕を上からクロールを泳ぐように振り下ろしてディフェンスプレイヤーの腕を下げることで有利なポジションを得ようとする動き。

スイング
Swing

①パスによってボールを片側のサイドから反対側のサイドへ大きく移動させること。
〈同〉イーストウエスト

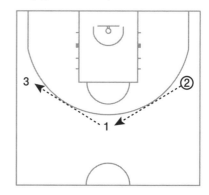

②オフェンスプレイヤーが片側のウィングから反対側のウィングへコート上を大きく弧を描くように移動すること。

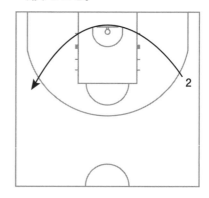

③ボールマンが、身体の片側で保持

したボールを反対側へ振って移動させる動き。
〈同〉スイープ、スワイプ、リップ、ワイプ

スイングステップ
Swing step

ディフェンスプレイヤーが、片側の足を軸にして反対側の足を引くステップ。
〈同〉スイングピボット

スイングパス
Swing pass

ボールの位置を片側のサイドから反対側のサイドへと大きく移動させるパス。
〈類〉クロスコートパス、サイドチェンジパス

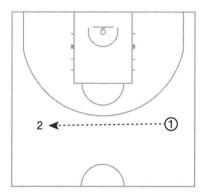

スイングピボット
Swing pivot

①ボールマンがフリーフットを振って大きく移動させるステップ。
②ディフェンスプレイヤーが片側の足を軸にして反対側の足を振り下げるステップ。
〈同〉スイングステップ

スイングマン
Swing man

①片側のウィングから反対側のウィングへコート上を大きく弧を描くように移動し、ショットチャンスを狙うシューター。
②2つのポジションの役割を担って出場するプレイヤー。
③2つのポジションの役割をこなすことが可能なプレイヤー。

スウィッシュショット
Swish shot

ボールがバックボードやリングに触れずにゴールすること。
〈同〉クリーンショット、ナッシング・バット・ネット

スカイフックショット
Sky hook shot

リングよりもはるか高い位置から放たれるフックショット。

スカルセッション
Skull session
コーチがチームのプレイヤーを集めて行う戦術研究、または新戦法の訓練のこと。

スキップパス
Skip pass
隣のプレイヤーを飛び越してその先のプレイヤーに出すパス。

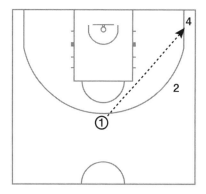

スキル
Skill
技術を遂行するための能力。
〈同〉技能

スクープショット
Scoop shot
通常よりもボールを高く投げ上げるレイアップショット。
〈同〉ハイループレイアップショット

スクエアアップ
Square up
上体をコートに対して垂直に起こし、顔を上げ、身体をバスケットに正対させること。

スクエアカット
Square cut
オフボールマンが、自身のマークマンとボールマンの間を通ってゴールに向かうカット。
〈同〉フロントカット、フロントドア、ボールサイドカット
〈対〉バックカット、バックドアカット、ブラインドサイドカット

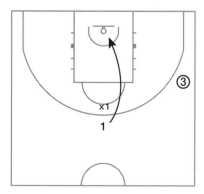

スクエアスタンス
Square stance
ある目標物に対して身体を正対させた際に、両足を前後差なく位置させるスタンス。

スクリーナー
Screener

スクリーンプレイにおいて、スクリーンをセットするプレイヤーのこと。

スクリーナープレイ
Screener play

スクリーナーによるスクリーンをセットした後のプレイ。

スクリーニングゲーム
Screening game

スクリーンを主体に構成されるモーションオフェンス。

スクリーン
Screen

オフェンスプレイヤーが、他のオフェンスプレイヤーをマークするディフェンスプレイヤーの進路に位置を占めて作る壁のこと。
〈同〉ブロック

スクリーンアウェイ
Screen away

スクリーナーが、ボールから離れる動きをしてセットするスクリーン。
〈同〉アウェイスクリーン

スクリーンアウト
Screen out

相手プレイヤーを自分よりもリバウンドボールを獲得するのに有利なエリアに入れないように身体で壁をつくること。
〈同〉ブロックアウト、ボックスアウト

スクリーン・アンド・アウェイ
Screen and away

スクリーンプレイにおいて、ユーザーがスクリーンを使用した後にスクリーナーがゴール方向へカットする動き。
〈同〉スクリーン・アンド・ダイブ
〈類〉カットアウェイ

スクリーン・アンド・ダイブ
Screen and dive

スクリーンプレイにおいて、ユーザーがスクリーンを使用した後にスクリーナーがゴール方向へカットする動き。
〈同〉スクリーン・アンド・アウェイ
〈類〉カットアウェイ

スクリーン・アンド・アウェイ／
スクリーン・アンド・ダイブ

スクリーン・アンド・ロール
Screen and roll

スクリーンプレイにおいて、ユーザーがスクリーンを使用した後に、スクリーナーがゴールに近い方の足を軸にバックターンすること。
〈同〉シェイプアップ

> **参考**
> 同じような意味で『ピック・アンド・ロール』という言葉をよく聞くが、それと『スクリーン・アンド・ロール』は少し異なる。

前者は『ピックプレイ』においてスクリーナーが『ロールターン』をすることに限定され、後者はピックプレイを含む『スクリーンプレイ全般』においてスクリーナーが『ロールターン』することを意味する。

スクリーンオフ
Screen off

ディフェンスプレイヤーがスクリーンをはずすこと。

スクリーン・ザ・スクリーナー
Screen the screener

スクリーナーに新たなスクリーンをセットするプレイ。
〈同〉スクリーン・フォー・スクリーナー、ピック・ザ・ピッカー

スクリーン・フォー・スクリーナー
Screen for screener

スクリーナーに新たなスクリーンをセットするプレイ。
〈同〉スクリーン・ザ・スクリーナー、ピック・ザ・ピッカー

スクリーン・ザ・スクリーナー／
スクリーン・フォー・スクリーナー

スクリーンプレイ
Screen play

オフェンスプレイヤーが、他のオフェンスプレイヤーをマークするディフェンスプレイヤーの進路に位置を占めることで、ディフェンスプレイヤーの動きを妨げるプレイ。
〈同〉ブロックプレイ

スクリメージ
Scrimmage

5対5で行うゲーム形式の練習。

スコア
Score

ライブのボールが上からバスケットに入り、バスケットの中にとどまるか通過すること。
〈同〉ゴール、得点

スコアラー
Scorer

①得点を多くとるプレイヤー。
②テーブルオフィシャルズの1人で、スコアの記録、失格・退場やタイムアウト・選手交代の合図、ポゼッションアローの操作などを行う役割の人。

スコップパス
Scoop pass

ドリブルをしている状態から、ボールを両手で保持せずにボールを操作している側の片手で出すアンダーハンドパス。

スターティングファイブ
Starting five

ゲームで最初に出場するプレイヤー。
〈同〉スターティングメンバー、スターティングラインアップ
〈類〉ファーストユニット
〈対〉ベンチプレイヤー、リザーブ

スターティングメンバー
Starting member

ゲームで最初に出場するプレイヤー。
〈同〉スターティングファイブ、スターティングラインアップ
〈類〉ファーストユニット
〈対〉ベンチプレイヤー、リザーブ

スターティングラインアップ
Starting lineup

ゲームで最初に出場するプレイヤー。
〈同〉スターティングファイブ、スターティングメンバー
〈類〉ファーストユニット
〈対〉ベンチプレイヤー、リザーブ

スタッガードスクリーン
Staggerd screen

1人のユーザーに対して複数のスクリーンが異なる位置で連続してセットする形態のスクリーン。

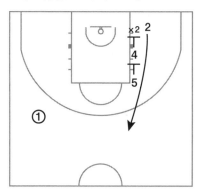

スタック
Stack

2人のオフェンスプレイヤーがくっついた状態のこと。

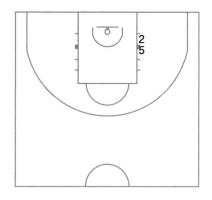

スタッターステップ
Stutter step

足を左右交互に細かく速く踏むステップ。
〈同〉ハーキー、フットファイヤー

スタッツ
Stats

チームや個人の成績をまとめたもの。
〈同〉ボックススコア

スタンス
Stance

①姿勢、構え。
②両足の位置関係、足幅。

ステーショナリースクリーン
Stationary screen

ユーザーがスクリーンを使用する前にスクリーナーが静止した状態で配置されているスクリーン。

〈同〉セットスクリーン

ステーショナリーポスト
Stationary post

ポストエリアで移動せずにポジションをとること。

ステーショナリーレシーバー
Stationary receiver

静止した状態でボールをレシーブするオフボールマン。

ステイ
Stay

ポジションを移動せずにその場にとどまること。

スティール
Steal

相手チームの持っているボールの所有権を、パスカットやドリブルカットなどにより奪い、自チームのボールにすること。
〈同〉インターセプト

スティック
Stick

ディフェンスプレイヤーが、ダブルチームを行うオフェンスプレイヤーや、ドリブルを終了したボールマンなどに密着してプレッシャーをかけるディフェンスの方法。
〈類〉ベリーアップ

スティックアンダー
Stick under

スクリーンプレイに対して、スクリーナーをマークするディフェンスプレイヤーがスクリーナーに密着し、ユーザーをマークするディフェンスプレイヤーがスクリーナーをマークするディフェンスプレイヤーの後方を通ることでスクリーンにかかることを回避する動き。

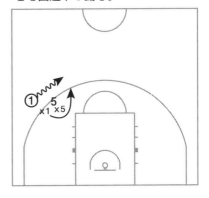

ステイロー
Stay low

重心を下げた低い姿勢を保つこと。

ステップ
Step

①足を踏み出すこと。
②足運び。

ステップアウェイ
Step away

後方（背中方向）へステップすること。
〈同〉ステップバック
〈類〉キキムーブ

ステップアウト
Step out

アウトサイドへステップすること。
〈同〉ステップアップ
〈対〉ステップイン

ステップアウトエリア
Step out area

制限区域から外側へ一歩出たエリア。

ステップアップ
Step up

アウトサイドへステップすること。
〈同〉ステップアウト
〈対〉ステップイン

ステップイン
Step in

インサイドへステップすること。
〈対〉ステップアウト、ステップアップ

ステップインショット
Step in shot

ボールマンがフリーフットをインサイドに踏み込んで行うショット。
〈類〉アップ・アンド・アンダー

ステップスライド
Step slide

進行方向に向かって左右の足を交差させずに移動するステップ
〈同〉スライドステップ

ステップスルー
Step through

ステップインでディフェンスプレイヤーをかわすプレイ。

ステップバック
Step back

後方（背中方向）へステップすること。
〈同〉ステップアウェイ
〈類〉キキムーブ

ステップバックショット
Step back shot

ドリブルしている状態からステップバックした直後にボールを保持して放つショット。

ストーリングオフェンス
Stalling offense

積極的に得点しようとしないで、時間の消費を目的とするオフェンス。

〈同〉ストールオフェンス、フリージング
〈類〉ディレイゲーム、ディレイドオフェンス、ボールコントロールオフェンス、リードプロテクション

ストールオフェンス
Stall offense

積極的に得点しようとしないで、時間の消費を目的とするオフェンス。
〈同〉ストーリングオフェンス、フリージング
〈類〉ディレイゲーム、ディレイドオフェンス、ボールコントロールオフェンス、リードプロテクション

ストップ
Stop

動いている状態から静止すること。

ストップ・アンド・ゴー
Stop and go

移動している状態から止まって、再び動くこと。

ストライドスタンス
Stride stance

ある目標物に対して身体を正対させた際に、左右の足を前後させて位置するスタンス。
〈同〉ボクサーズスタンス

ストライドストップ
Stride stop

①タイミングをずらして片足ずつフロアに接地させる止まり方。
②オフボールマンがボールに対してミートし、ボールをレシーブ後、攻撃しているゴールに近いほうの足から順にフロアに接地し、バスケットに正対して止まる方法。
〈対〉サイドストップ

ストレートゾーンディフェンス
Straight zone defense

ただ単にゾーンディフェンスの隊形をとるだけのディフェンス。

ストレートドライブ
Straight drive

クロスオーバーステップをしない、リードフット側へのドライブ。
〈対〉クロスオーバードライブ

ストレートドリブル
Straight dribble

バスケットに対して真っ直ぐに向かうドリブル。

ストレートマンツーマンディフェンス
Straight man-to-man defense

オーバーディフェンスをしたりディ

ナイディフェンスしたりせず、各ディフェンスプレイヤーが自身のマークマンとゴールの間に位置するマンツーマンディフェンスのこと。

ストレッチ・ザ・トラップ
Stretch the trap

オンボールスクリーンにおいて、ユーザーをマークするディフェンスプレイヤーとスクリーナーをマークするディフェンスプレイヤーとの2人が、ボールを保持しているユーザーに対してダブルチームによるトラップをしかけてきた際に、ユーザーがリトリートドリブルで後方に下がることでディフェンスによるプレッシャーから逃れるプレイ。

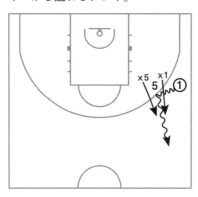

ストレッチフォー
Stretch four

①アウトサイドショットを高確率で決めることのできる4番ポジションのプレイヤー。

②アウトサイドショットを高確率で決めることのできる4番ポジションのプレイヤーを利用したオフェンス戦術。

ストロングサイド
Strong side

①バスケットとバスケットを結ぶ仮想線（ミドルライン）でコートを縦に2分した2つエリアのうち、ボールがあるほうのエリア。
〈同〉ボールサイド
〈対〉ウィークサイド、オフボールサイド、ヘルプサイド

②ある地点とバスケットを結ぶ仮想

線でコートを2分した2つエリアのうち、ディフェンスプレイヤーの人数が多いなどの理由でディフェンス側のチームの条件がオフェンス側のチームより勝る側のエリア。
〈対〉ウィークサイド

③ディフェンスプレイヤーが、左右の足の位置関係を変えることなく、オフェンスプレイヤーの攻撃に対応することができるほうのサイド。
〈対〉ウィークサイド

④ある地点において、ミドルライン側のエリア。
〈対〉ウィークサイド

⑤審判において、バスケットとバスケットを結ぶ仮想線（ミドルライン）でコートを縦に2分した2つエリアのうち、リードオフィシャルが位置するほうのサイド。
〈対〉ウィークサイド

スナップ
Snap

手首の返しのこと。手関節の掌屈。

スナップパス
Snap pass

スナップを効かせることを強調したパス。

スピードクロスオーバー
Speed cross over

スピードに乗った状態で、身体の前面においてボールが身体の中心を左右に交差するドリブルチェンジ。

スピードドリブル
Speed dribble

速いスピードで移動する際に用いられるバウンドの少ないドリブル。

スピン
Spin

ショットやパスされたボールの回転。

スピンターン
Spin turn

一方の足を軸にして身体を素早く回転させること。

スピンドリブル
Spin dribble

ドリブルをしながら一方の足を軸にして身体を素早く回転させること。

スピンパス
Spin pass

ボールに強い回転をかけてフロアに弾ませることで、バウンド後のボールの進む方向や高低を変えるバウンスパス。

スピンムーブ
Spin move

バスケットに背を向けてポストに位置するボールマンが、素早くフロントターンをしてバスケットに向かう動き。

スプリットカット
Split cut

2人のディフェンスプレイヤーの間を割ってカットすること。

スプリット・ザ・スクリーン
Split the screen

ボールマンがスクリーンによって自身をマークするディフェンスプレイヤーから離れること。

スプリット・ザ・ポスト
Split the post

アウトサイドに位置する2人のオフボールマンが、ボールを保持したポストマンの周りを時間差的に交差してカットするプレイ。
〈同〉シザース、クロッシング・オフ・ザ・ポスト

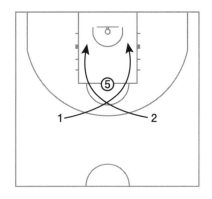

スプリント
Sprint

全力疾走すること。

スプリントバック
Sprint back

バックコートへ全力疾走で戻ること。

スプリントポジション
Sprint position

短距離走のスタンディングスタートの姿勢。

スプレッドアウト
Spread out

ある地点のスペースを空けるためにその地点の外側に移動すること。

スペーシング
Spacing

味方プレイヤー同士の間隔や位置取り。

スペースウォッチング
Space watching

オフェンス側プレイヤーとその相手のディフェンス側プレイヤーとの間のスペースを見きわめること。

スペシャルゾーン
Special zone

ハイゾーンにもローゾーンにも分類されない特殊な隊形のゾーンディフェンス。

スポットアップ
Spot up

ポストにボールがある状況において、オフボールマンがボールマンから適切な距離をとり、ショットを打つためのパッシングレーンを確立すること。

スポットシューター
Spot shooter

自身のみでショットを放つ機会を作り出すことはせず、スクリーンや他のオフェンスプレイヤーからのアシストパスなどによりショットを放てる状態を作り、高確率のロングショットを放つシューター。

スポットパス
Spot pass

ある一地点に落とすように出す山なりのパス。

スモールフォワード
Small forward

主にインサイドでもアウトサイドでも得点を狙い、オールラウンドな役割を担うポジション。略称は SF。
〈同〉シューティングフォワード、3番ポジション

スモールボール
Small ball

高身長のプレイヤーを敢えて起用せずに、機動力のあるプレイヤーを揃えたラインナップ。
〈同〉スモールラインナップ

スモールラインナップ
Small lineup

高身長のプレイヤーを敢えて起用せずに、機動力のあるプレイヤーを揃えたラインナップ。
〈同〉スモールボール

スライディング
Sliding

フロアに転がっているルーズボールを獲得するためにボールに向かって滑り込むこと。
〈同〉ダイブ

スライディングゾーンディフェンス
Sliding zone defense

オフェンスプレイヤーの配置や動きに合わせて、柔軟に変形するゾーンディフェンス。

スライド
Slide

スクリーンプレイに対して、ユーザーをマークするディフェンスプレイヤーがスクリーナーとスクリーナーをマークするディフェンスプレイヤーとの間を通ってスクリーンをすり抜ける動き。
〈同〉シザースルー、シザーリング、スライドスルー、スルーアンダー

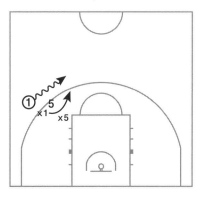

スライドオーバー
Slide over

相手チームのオフェンスプレイヤーがマークマンをかわして攻撃をしてきた際、他のオフェンスプレイヤーをマークするディフェンスプレイヤーが自身のマークマンから離れてヘルプディフェンスを行った状況において、ヘルパーと助けてもらったディフェンスプレイヤーとの2人の間でマークマンを交換すること。
〈同〉エクスチェンジ

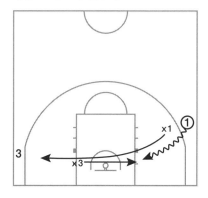

スライドステップ
Slide step

進行方向に向かって左右の足を交差させずに移動するステップ。
〈同〉ステップスライド

スライドスルー
Slide through

スクリーンプレイに対して、ユーザーをマークするディフェンスプレイヤーがスクリーナーとスクリーナーをマークするディフェンスプレイヤーとの間を通ってスクリーンをすり

抜ける動き。
〈同〉シザースルー、シザーリング、スライド、スルーアンダー

スライドダウン
Slide down

ボールマンをマークするディフェンスプレイヤーが、ボールに身体を正対させたまま、スライドステップでゴール方向に下がること。
〈類〉クローズダウン

スライドバック
Slide back

後ろ（背中）方向にスライドステップで移動すること。

> **参考**
> 「スライドダウン」がゴール方向に下がるものであるのに対して、「スライドバック」はゴール方向に限らず、後ろに下がること。

スラッシャー
Slasher

ドライブやカットを多用して得点を重ねるプレイヤー。

スラッシュ
Slash

鋭く切れ込むカットのこと。

スラップ
Slap

ボールを平手打ちすること。アウトオブバウンズプレイをスタートする合図としてよく用いられる。

スラムダンク
Slum dunk

迫力満点で、美しく、芸術的なダンクショットのこと。
〈同〉ジャム

3（スリー）アウト・2（ツー）イン
three out-two in

アウトサイドに3人のプレイヤー、インサイドに2人のプレイヤーを配置したオフェンスのアライメント。

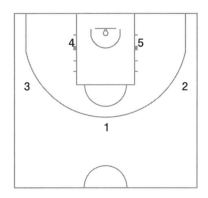

3 on 3
(スリー・オン・スリー)

3対3で試合を実施する競技。
〈同〉3×3（スリー・バイ・スリー）

スリークォーター
Three quater

センターラインと2本のファウルラインでコートを4つに分割した際の4分の3のエリア。

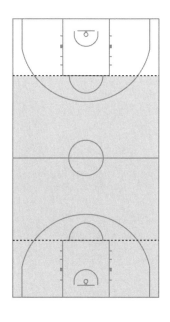

スリースレットポジション
Three-threat position

ショット、パス、ドリブルのいずれにも即座に移ることができるボールマンの構え。ボールマンが次にどんなプレイをするのか、ディフェンスプレイヤーの予測が困難となることから、「3つの脅威（スレット）を与える構え」という意味で用いられている。
〈同〉トリプルスレットポジション

3-2（スリーツー）ゾーンディフェンス
Three-two zone defense

フロントラインに3人、バックライ

ンに2人を配置する隊形をとるゾーンディフェンス。

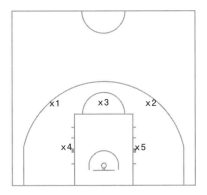

スリーパーオフェンス
Sleeper offense

ディフェンスの局面においてフロントコートにプレイヤーを残し、ボールを所持したらただちに、フロントコートに残っているプレイヤーにロングパスを出して攻撃するオフェンス戦術。
〈同〉チェリーピック

スリーパーソン
レフェリーズシステム
Three-person referees system

3人審判制システム。
主審1人、副審2人。

3×3（スリー・バイ・スリー）

3対3で試合を実施する競技。
〈同〉3 on 3（スリー・オン・スリー）

スリーパスアウェイ
Three passes away

ボールマンからパス3つ分離れたポジション。

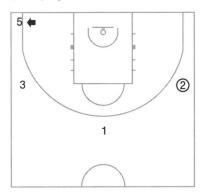

スリーポイントショット
Three-point shot

スリーポイントフィールドゴールエリアから放たれるショット。成功すると3点が与えられる。

スリーポイント
フィールドゴールエリア
Three-point field goal area

コートのツーポイントフィールドゴールエリアを除いた部分をいう。
〈同〉ロングレンジ

スリーポイントプレイ
Three-point play

ショットモーション中にディフェンスプレイヤーからファウルされなが

らもツーポイントフィールドゴールエリアからのショットを決め、かつファウルによって与えられる１本のフリースローを決めて計３点を得るプレイ。

〈同〉 ３点プレイ

スリーポイントライン
Three-point line

ラインの外側の縁までの距離がサイドラインの内側の縁から0.90mとなるようにエンドラインと直角に描いた２本の平行な直線とこの直線との交点まで描いた相手チームのバスケットの中央の真下を中心とする円周の外側までが半径6.75mの半円の一部。

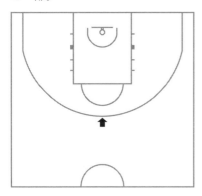

スリーレーンファストブレイク
Three lane fast-break

コートを縦に３つのレーンに区切り、味方プレイヤーがボールを保持すると同時にそれぞれのレーンに１人ずつ走り、ボールをフロントコートへ進めて攻撃するファストブレイク。

〈同〉 ３線速攻

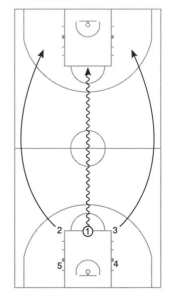

スリップ・ザ・スクリーン
Slip the screen

ピックプレイの場面においてユーザーがスクリーンを使用する前に、スクリーナーがゴール方向などへカットするプレイ。

〈同〉 アーリーリリース

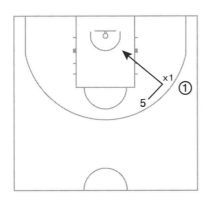

スルーアンダー
Through under

スクリーンプレイに対して、ユーザーをマークするディフェンスプレイヤーがスクリーナーとスクリーナーをマークするディフェンスプレイヤーとの間を通ってスクリーンをすり抜ける動き。
〈同〉シザースルー、シザーリング、スライド、スライドスルー

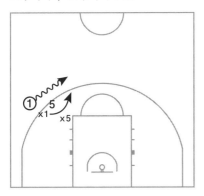

スルー・ザ・レッグ
Through the leg

ボールが両足の間を通るドリブルチェンジ。
〈同〉レッグスルー

スロー
Throw

プレイヤーが相手チームのバスケットへボールを投げ入れようとする動作。
〈同〉ショット

スローイン
Throw-in

規則に従って、アウトオブバウンズにいるプレイヤーがコート内に向けてボールをパスすること。

スローインライン
Throw-in line

それぞれのハーフコートに、オフィシャルズテーブルから遠いほうのサイドラインにコートの外側に向かってサイドラインと直角に、スリーポイントラインの頂点の位置と一致するところから短く描かれたライン。第4ピリオドと延長戦の残り2分間にタイムアウトが取られた場合、フロントコートのこのラインからゲームを再開する。

スローダウン
Slow down

ゲームのテンポを遅くすること。

スローダウンオフェンス
Slow down offense

ゆっくりとしたテンポのオフェンス。

スワイプ
Swipe

ボールマンが、身体の片側で保持したボールを反対側へ振って移動させる動き。
〈同〉スイープ、スイング、リップ、ワイプ

セ

セーフティ
Safety

オフェンス時に、あらかじめ攻守が切り替わった際のディフェンス局面に備え、準備をすること。
〈同〉ディフェンシブセーフティ

セーフティゾーン
Safety zone

フリースローラインを両側に0.65mずつ延長したラインと、エンドラインの中央から左右2.45mのラインと、その端点が結ばれ区画されたコートの長方形の部分。オフェンスプレイヤーはこの区域内に3秒を超えてとどまることはできない。
〈同〉ショートレンジ、制限区域、ハウス、フリースローレーン、ペイントエリア、ペイントゾーン、ボックス、レーン

セーフティマン
Safety man

オフェンス時に、あらかじめ攻守が切り替わった際のディフェンス局面に備え、バックコート側に位置するプレイヤー。

制限区域

フリースローラインを両側に0.65mずつ延長したラインと、エンドラインの中央から左右2.45mのラインと、その端点が結ばれ区画されたコートの長方形の部分。オフェンスプレイヤーはこの区域内に3秒を超えてとどまることはできない。
〈同〉ショートレンジ、セーフティゾーン、ハウス、フリースローレーン、ペイントエリア、ペイントゾーン、ボックス、レーン

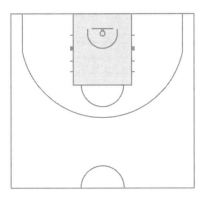

セーフティゾーン／制限区域

セカンダリーブレイク
Secondary break

ファストブレイクで攻めきれなくても、相手ディフェンスが態勢を整え終える前の状況であれば、隙を狙ってはやめに攻めるオフェンスのこと。ファストブレイクとセットオフェンスの中間としての位置づけ。
〈同〉アーリーオフェンス、2次速攻

セカンドガード
Second guard

主にアウトサイドショットやドライブにより得点を狙い、ポイントガードのボール運びを補佐する役割を担うポジション。
〈同〉シューティングガード、2番ポジション
〈類〉オフガード

セカンドカッター
Second cutter

複数のプレイヤーが連続的にある地点を通過してカットするプレイにおいて2番目にカットするプレイヤー。

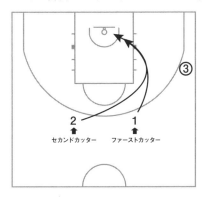

セカンドスクリーン
Second screen

スタッガードスクリーンにおけるユーザーからみて2番目にセットされているスクリーン。

セカンドチャンス
Second chance

オフェンスリバウンドを獲得し、再び攻撃権を得たプレイを指す。3回以上繰り返しオフェンスリバウンドを獲得した場合も同様にセカンドチャンスという。

セカンドトレーラー
Second trailer

トレーラーが複数いる場合において先に走るファーストトレーラーの後方からついてくるトレーラー。

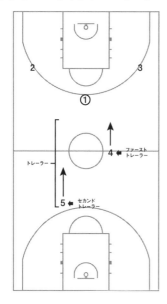

セカンドハーフ
Second half

1ゲームを2つに区切った際の後半分の時間帯。現在のインターナショナルルールでは第3ピリオドと第4ピリオドがこれにあたる。
〈同〉後半

セカンドユニット
Second unit

スターティングメンバーを除くリザーブのメンバー5人で構成されたグループ。
〈類〉ベンチプレイヤー、リザーブ

セット
Set

①それぞれ1個のファウルに対する罰則として与えられるフリースロー、あるいはフリースローとそれにつづくスローインをフリースローの「セット」という。
②スクリーンを配置すること。
③プレイヤーの配置のこと。

セットオフェンス
Set offense

オフェンスにおいて、ファストブレイクとアーリーオフェンスを除いたもの。チームがボールを保持した後、ファストブレイクを試行せず、オフェンスの態勢を整えて行われるオフェンス。
〈同〉遅攻、ハーフコートオフェンス

セットショット
Set shot

ストップした状態からショットモーションに入るショット。ボールを前腕回内位で支え、前腕回内位のままボールを放つ。

〈対〉ランニングショット

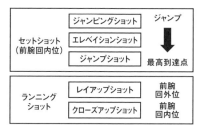

セットスクリーン
Set screen

ユーザーがスクリーンを使用する前にスクリーナーが静止した状態で配置されているスクリーン。

〈同〉ステーショナリースクリーン

セットディフェンス
Set defense

ディフェンス隊形を整えた状態でディフェンスすること。

セットプレイ
Set play

プレイヤーの配置や動きのパターンを決めて行うオフェンス。

〈同〉コントロールオフェンス、ナンバープレイ、パターンオフェンス、フォーメーションプレイ

〈対〉フリーオフェンス、フリーランスオフェンス

ゼネラルマネージャー
General manager

ヘッドコーチの上位にあり、チーム編成などを行う役職。一般的に現場での指揮は執らない。

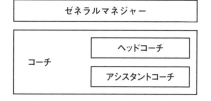

セミゾーン
Semi zone

自陣にディフェンスプレイヤーの人数が揃っていない状況において、相手チームのファストブレイクに対処するために、自陣に戻っているディフェンスプレイヤーで一時的に組むゾーンディフェンス。

ゼロステップ
Zero step

ドリブラーがボールを保持する直前に踏み切り、身体が空中にある状態でボールを掴んだ状況。

〈類〉ギャロップステップ

0(ゼロ)度

リングの中央の真下を通るエンドラインと平行に走る仮想線上。このラインよりエンドライン側のエリアは「0度以下」となる。

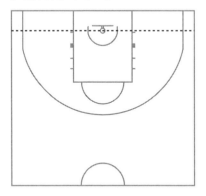

戦術

敵を打ち負かすための状況判断をともなう行動。個人戦術、グループ戦術、チーム戦術に分類される。

センター
Center

主にポストプレイなどインサイドで積極的に得点を狙う役割を担うポジション。長身選手が起用されるケースが多い。略称はC。
〈同〉5番ポジション、ピボットマン

センターオフィシャル
Center official

スリーパーソンレフェリーズシステムにおいて、通常はボールサイドにいるフロントコートのリードオフィシャルとは反対側のサイドで、フリースローラインの延長線上からおよそ2歩(2m)程度バスケットに近づいたところに位置する審判。

センターサークル
Center circle

コート中央に引かれた半径1.8mの円。ゲーム開始のジャンプボールはこのサークル内でおこなわれる。

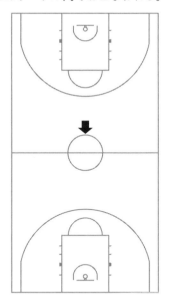

センタージャンプ
Center jump

センターサークルで行うジャンプボ

ール。
〈類〉ジャンプボール、ティップオフ

センターライン
Center line

コート中央にエンドラインと平行に引かれたライン。バックコートとフロントコートの区切りとなる。
〈同〉ハーフライン

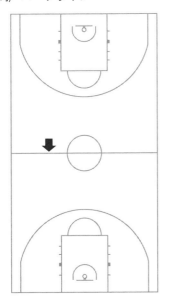

前半

1ゲームを2つに区切った際の前半分の時間帯。現在のインターナショナルルールでは第1ピリオドと第2ピリオドがこれにあたる。
〈同〉ファーストハーフ

戦法

戦略や戦術などの諸概念を包括したもの。

戦略

敵の存在を前提として、その敵を打ち負かすことを目的とした総合的な目標、方針。

ソ

ゾーンアタック
Zone attack

ゾーンディフェンスを攻略するためのオフェンス戦術。
〈同〉ゾーンオフェンス

ゾーンオフェンス
Zone offense

ゾーンディフェンスを攻略するためのオフェンス戦術。
〈同〉ゾーンアタック

ゾーンディフェンス
Zone defense

各ディフェンスプレイヤーがコート内の特定のエリアをそれぞれ分担して守るディフェンス戦術。

ゾーンプレスディフェンス
Zone press defense

オフェンス側のチームに対して、プレッシャーを与えることを強調したゾーンディフェンス。

側線速攻

サイドライン沿いにボールを運んで攻撃するファストブレイク。

速攻

チームがボールを保持した瞬間、その地点から相手チームのプレイヤーが帰陣する前に、ボールを高確率なショットを放つことが可能なエリアへ進め、得点を追求する速い攻撃。
〈同〉一次速攻、ファストブレイク、プライマリーオフェンス、プライマリーブレイク
〈類〉ガン・アンド・ランオフェンス、ラン・アンド・ガンオフェンス

外足

ゴールから遠いほうのオフェンスプレイヤーの足。
〈同〉アウトサイドフット
〈対〉インサイドフット、内足

タ

ターゲットハンド
Target hand

オフボールマンが、パスの的（ターゲット）となるようにボールマンに対して見せる手。

ターン
Turn

一方の足を軸にして身体を回転させること。回転する向きや角度を示す言葉を伴って使われることが多い。
例：フロントターン、リバースターン、バックターン、クォーターターンなど

ターンアラウンド
Turn-around

片足を軸にフロントターンをして、向きを変えること。

ターンアラウンドショット
Turn-around shot

ゴールを背にしてボールを保持した状態から、片足を軸にフロントターンをしてゴール方向を向いて放つショット。

ターン・アンド・フェイス
Turn and face

向きを変えて、ある方向を向くこと。

ターンオーバー
Turnover

オフェンス側のチームがショット以外のミス（パスミスやキャッチミス等）やバイオレイションによって、攻撃権を失うこと。

ダイアゴナルカット
Diagonal cut

コートを斜めに横切るカット。

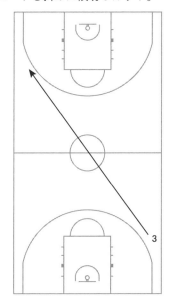

ダイアゴナルパス
Diagonal pass

コートを斜めに横切るパス。

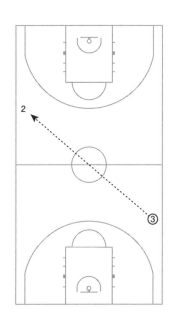

ダイアモンド・アンド・ワン
Diamond and one

1人のディフェンスプレイヤーが1人のオフェンスプレイヤーをマンツーマンディフェンスでマークし、残る4人のディフェンスプレイヤーが菱形（ダイアモンド）の隊形を組んでゾーンディフェンスを行うディフェンス戦術。
〈同〉ダイアモンドワン

ダイアモンドワン
Diamond one

1人のディフェンスプレイヤーが1人のオフェンスプレイヤーをマンツーマンディフェンスでマークし、残

る4人のディフェンスプレイヤーが菱形（ダイアモンド）の隊形を組んでゾーンディフェンスを行うディフェンス戦術。
〈同〉ダイアモンド・アンド・ワン

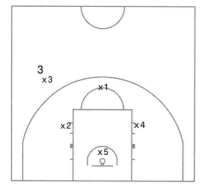

ダイアモンド・アンド・ワン／
ダイアモンドワン

タイトカット
Tight cut

ユーザーが、スクリーナーを回り込むようにしてカットするプレイ。
〈同〉カールアラウンド、カールカット

タイトディフェンス
Tight defense

ディフェンスプレイヤーがオフェンスプレイヤーに接近してディフェンスする方法。
〈対〉ルーズディフェンス

タイトナンバー
Tight number

有効な攻撃が展開できるエリアで、オフェンスプレイヤーの人数とディフェンスプレイヤーの人数とが同数の状況。
〈同〉ノーマルナンバー

タイトマンツーマンディフェンス
Tight man-to-man defense

ディフェンスプレイヤーがオフェンスプレイヤーに接近してマークするマンツーマンディフェンス。

ダイバー
Diver

ダイブするプレイヤー。

ダイブ
Dive

①オフボールマンがアウトサイドからゴール近辺に飛び込むプレイ。
②フロアに転がっているルーズボー

ルを獲得するためにボールに向かって滑り込むこと。
〈同〉スライディング

タイブレイク
Tie-break

リーグ戦において複数のチームの勝率が同率で並んだ場合に、当該チーム間の直接対決で勝利しているチームを上位とすること。

タイマー
Timer

テーブルオフィシャルズの1人で、ゲームクロックとストップウォッチを操作し、競技時間、タイムアウト、インターバルの時間をはかる役割を担う人。

タイムアウト
Time-out

コーチまたはアシスタントコーチの請求によって、規定回数の範囲内で認められるゲームの休止時間。

> **参考**
> 現行のインターナショナルルールでは前半（第1ピリオド、第2ピリオド）で2回、後半（第3ピリオド、第4ピリオド）で3回、それぞれ60秒間のタイムアウトが取れる。ただし、第4ピリオドの残り2分を切ってから3回すべてを使うことはできない。延長戦はピリオドごとに1回。
> Bリーグでは上記に加えて、第2ピリオド、第4ピリオドの残り5分を切った、最初のボールデッドのときに90秒間の「オフィシャルタイムアウト」がある。
> 以前は第2ピリオド、第4ピリオドの最初のタイムアウトが90秒となり、その時間を使って試合を放映しているテレビ局がCMを流す「TVタイムアウト」もあった。
> ちなみにNBAはゲームを通して6回の「フルタイムアウト（60秒）」と、前後半各1回ずつの「20秒タイムアウト」がある。またNBAではボールを保持した選手がタイムアウトを請求することができる。

タイムアップ
Time up

ゲーム時間が終わること。

ダイレクトパス
Direct pass

①ドリブルをしなくともゴール近辺のショットを放つことができるロングパス。
②直線的に投げるオーバーヘッドパス。

ダウンスクリーン
Down screen

スクリーナーがゴールに近づくように動いてセットするオフボールスクリーン。
〈同〉ピンダウンスクリーン、フロントスクリーン
〈対〉アップスクリーン、バックスクリーン

ダウンタウン
Downtown

主にスリーポイントライン付近の、ゴールから離れたエリアのこと。
〈同〉アウトサイド

ダウンタウンショット
Downtown shot

主にスリーポイントライン付近の、ゴールから離れたエリア辺りから放たれるショット。
〈同〉アウトサイドショット、ショット・フロム・ダウンタウン

タグ
Tag

スクリーンプレイに対するディフェンスにおいて、ユーザーをマークするディフェンスプレイヤーがユーザーの動いた軌跡を追いかけていくことでスクリーンを回避すること。
〈同〉フォロー

ダックイン
Duck in

インサイドにいるオフボールマンが、自身をマークするディフェンスプレイヤーのブラインドサイドにフェイ

クを入れた後、ディフェンスプレイヤーの前（ボールマンからみて）に出て、背中でディフェンスプレイヤーを押さえ込むプレイのこと。

タップ
Tap

空中にあるボールを指先や手のひらで弾くこと。ジャンプボールやリバウンドの時によく用いられる。

タップショット
Tap shot

空中にあるボールをバスケットに向けて指先や手のひらで弾くショット。

タップパス
Tap pass

空中にあるボールを指先や手のひらで弾いて出すパス。

タフショット
Tough shot

厳しい体勢から放つショット。

ダブルアクセル
Double axel

空中でショットモーションを止め、切り返してから再びショットモーションに入るショット。
〈同〉ダブルクラッチ

ダブルオーバータイム
Double overtime

延長時限において、同点だった場合に行われる再延長。

ダブルクラッチ
Double clutch

空中でショットモーションを止め、切り返してから再びショットモーションに入るショット。
〈同〉ダブルアクセル

ダブルスクリーン
Double screen

複数のスクリーナーが横に並んでセットする形態のスクリーン。
〈同〉カーテンスクリーン

ダブルスコア
Double score

一方のチームの得点が他方の2倍程度あること。

ダブルスタック
Double stack
2カ所にスタックを組み込んだプレイ。

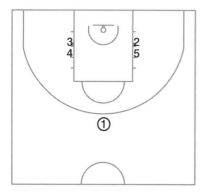

ダブルダウン
Double down
ポストエリアに位置するボールマンに対して2人のディフェンスプレイヤーで守ること。

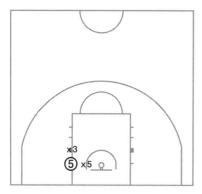

ダブルダブル
Double double
1人のプレイヤーが1試合で得点、リバウンド、アシスト、スティール、ブロックショットのうち、2部門で2ケタ以上の成績を残すこと。

ダブルチーム
Double team
ボールマンに対して2人のディフェンスプレイヤーで守ること。
〈同〉ピンチ

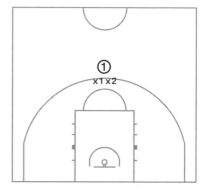

ダブルドリブル
Double dribble
ドリブルをしている状態からボールを両手で掴むなどして一度ドリブルを終えた後、再びドリブルをつくバイオレイション。また両手を同時に使って2つ以上ドリブルをつくこともダブルドリブルとなる。

ダブルピック
Double pick
ボールマンをマークするディフェン

スプレイヤーの両サイドにスクリーンをセットしたピックプレイ。

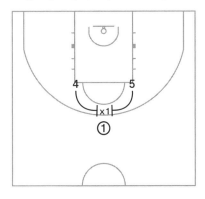

ダブルファウル
Double foul

両チームの2人のプレイヤーがほとんど同時に、たがいにパーソナルファウルをした場合をいう。

ダブルホイッスル
Double whistle

1つのプレイに対して2人の審判が同時に笛を鳴らすこと。

ダブルポスト
Double post

ポストエリアに2人のポストマンがポジションをとること。

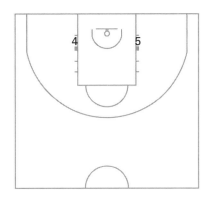

ダンキングショット
Duking shot

片手または両手で、ボールを直接バスケットの中へ叩き込むショット。〈同〉ダンクショット

ダンクショット
Dunk shot

片手または両手で、ボールを直接バスケットの中へ叩き込むショット。〈同〉ダンキングショット

WNBA

Women's National Basketball Associationの略称。アメリカの女子プロバスケットボールリーグ。

チ

チームコントロール
Team control

チームがボールをコントロールしていること。

チームコントロールファウル
Team control foul

ボールをコントロールしているチームのプレイヤーによるファウル。

チームファウル
Team foul

各プレイヤーがファウルする度に、チームに対して累積されるファウル。

チームファウルペナルティ
Team foul penalty

チームファウルが規定の回数を超えたことにより、相手チームにフリースローが与えられるペナルティ。

> **参考**
> インターナショナルルールでは、各ピリオドでチームファウルが5回以上になると相手チームにフリースローが与えられる。

チームベンチエリア
Team bench area

オフィシャルズテーブルに近いほうのサイドラインのセンターラインから5mのところに、サイドラインと直角に描かれた長さ2m以上のラインで区画されたコートの部分。

チームベンチパーソネル
Team bench personnel

コーチ、アシスタントコーチ、交代要員、ファウルアウトしたチームメンバー、チーム関係者。

チェイサー
Chaser

ボールを追いかけまわす役割をもったディフェンスプレイヤー。

チェストショット
Chest shot

ボールを胸の位置から押し出すボースハンドショット。

チェストパス
Chest pass

ボールを両手で保持して胸の前から押し出すパス。

チェック・アンド・ゴー
Check and go

ショットが放たれた際に、ディフェンスプレイヤーがリバウンドに入ろ

うとするオフェンスプレイヤーに対して、瞬間的にコースチェックを行い、その後、すかさずボール方向に向かうこと。

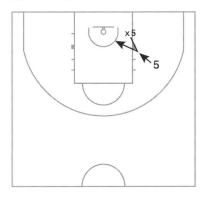

チェックバック
Check back

オフボールマンをマークするディフェンスプレイヤーが、本来位置すべきポジションからヘルプディフェンスをすることができるポジションへ瞬間的に一歩踏み出した後、速やかに本来のポジションに戻りディフェンスを続けること。

チェリーピック
Cherry pick

ディフェンスの局面においてフロントコートにプレイヤーを残し、ボールを所持したらただちに、フロントコートに残っているプレイヤーにロングパスを出して攻撃するオフェンス戦術。
〈同〉スリーパーオフェンス

チェンジアップ
Change-up

ドリブルや走るスピードをコントロールして、ペースを変化させること。
〈同〉チェンジ・オブ・ペース

チェンジ・オブ・ディレクション
Change of direction

ドリブルで進行する方向や走る方向を変えること。

チェンジ・オブ・ペース
Change of pace

ドリブルや走るスピードをコントロールして、ペースを変化させること。
〈同〉チェンジアップ

チェンジコート
Change court

ボールサイドを変えること。
〈同〉サイドチェンジ、チェンジサイド

チェンジサイド
Change side

ボールサイドを変えること。
〈同〉サイドチェンジ、チェンジコ

ート

チェンジングディフェンス
Changing defense
ディフェンス戦術を変えながらゲームを進めること。

遅攻
オフェンスにおいて、ファストブレイクとアーリーオフェンスを除いたもの。チームがボールを保持した後、速攻を試行せず、オフェンスの態勢を整えて行われるオフェンス。
〈同〉セットオフェンス、ハーフコートオフェンス

チャージング
Charging
ボールを持っていてもいなくても、無理に進行して相手チームのプレイヤーのトルソー（胴体）に突き当たったり押しのけたりする不当な身体の触れ合い。

チャッカー
Chucker
シュートを打つことを好むプレイヤー。
〈同〉ガナー

チャレンジショット
Challenge shot
ディフェンスプレイヤーがショットモーションにあるプレイヤーのボールに対して手を上げて妨害すること。
〈同〉ショットチェック、ビッグハンド

チンニング
Chinning
ボールマンがディフェンスプレイヤーにスティールされないように肘を張り、あごの下あたりでボールを保持すること。
〈同〉ロックイン

チンポジション
Chin position
あご下の位置。

ツ

ツーガードトップ
Two guard top
トップ・オブ・ザ・キー周辺のエリアに2人のオフェンスプレイヤーを横並びに配置させるポジション。
〈同〉ツーガードポジション、ツートップポジション

ツーガードフロント
Two guard front
ゾーンディフェンスに対してツーガ

ードポジションにプレイヤーを配置すること。

ツーガードポジション
Two guard position

トップ・オブ・ザ・キー周辺のエリアに2人のオフェンスプレイヤーを横並びに配置させるポジション。
〈同〉ツーガードトップ、ツートップポジション

2-3（ツースリー）ゾーンディフェンス
Two-Three zone defense

フロントラインに2人、バックラインに3人を配置する隊形をとるゾーンディフェンス。

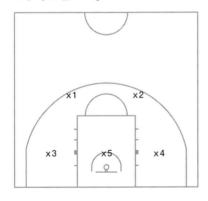

ツートップポジション
Two top position

トップ・オブ・ザ・キー周辺のエリアに2人のオフェンスプレイヤーを横並びに配置させるポジション。
〈同〉ツーガードトップ、ツーガードポジション

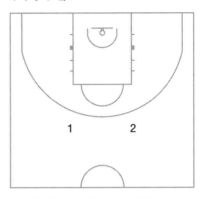

ツーガードトップ／ツーガードポジション／ツートップポジション

ツーパーソンレフェリーズシステム
Two-person referees system

2人審判制システム。
主審1人、副審1人。

ツーパスアウェイ
Two pass away

ボールマンからパス2つ分離れたポジション。

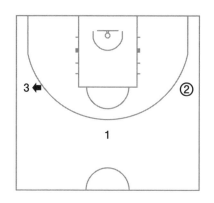

ツープラトンシステム
Two-platoon system

チーム内で5人のグループを2つ構成し、ゲームにおいてグループ単位で交代させる方法。

ツーポイントショット
Two point shot

ツーポイントフィールドゴールエリアから放たれるショット。成功すると2点が与えられる。

ツーポイントフィールドゴールエリア
Two point field goal area

スリーポイントラインで区画されたラインを含む相手チームのバスケットに近いコートの部分。

ツーミニッツピリオド
Two minutes period

第4ピリオドおよび各延長時限の最後の2分間。

ツーメンゲーム
Two men game

5対5の状況ではあるが、2人のオフェンスプレイヤーによる2対2のプレイでディフェンスを崩そうとすること。

2-1-2（ツーワンツー）ゾーンディフェンス
Two-one-two zone defense

フロントラインから2人、1人、2人と配置する隊形をとるゾーンディフェンス。

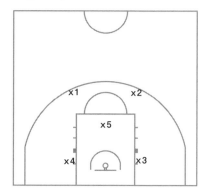

ツインタワー
Twin tower

同じチームに所属する2人の長身プレイヤー。

テ

テーブルオフィシャルズ
Table officials

コートサイドのテーブルでゲームの進行を管理する、スコアラー、アシスタントスコアラー、タイマーおよびショットクロックオペレイター各1人のこと。

テーブルサイド
Table side

コートのオフィシャルズテーブルに近いほうのサイド。
〈対〉オポジットサイド

ディープステップ
Deep step

ボールマンがゴールに背を向けた状態で、フリーフットをゴール方向に引き下げるステップ。
〈同〉ドロップステップ

ディープポスト
Deep post

エンドライン側の制限区域およびその周辺のエリア。
〈同〉ローポスト

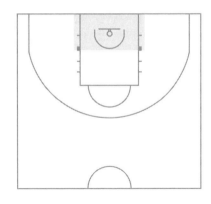

ディープマン
Deep man

ディフェンスにおいてエンドライン側の最後尾に位置するプレイヤー。

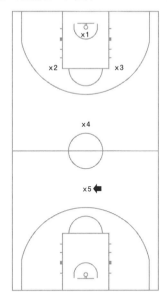

ディープムービングレシーブ
Deep moving receive

ポストエリアに位置するオフボールマンが、自身に接近した位置にいるディフェンスプレイヤーの左右深くにドロップステップを踏み込みながらボールをレシーブすること。

ティアードロップショット
Teardrop shot

アーチを意識的に高くするようにボールを浮かすクローズアップショット。
〈同〉フローターショット

テイクオフフット
Take off foot

ショットやパスのためにジャンプする時の踏み切り足。

テイクチャージ
Take charge

ディフェンスプレイヤーが意図的にオフェンスプレイヤーからチャージングのファウルを受けること。

ディスアドバンテージ
Disadvantage

相手に責任のある触れ合いによって、プレイヤーが意図したプレイを妨げられた状態。

〈対〉アドバンテージ

ディスクォリファイングファウル
Disqualifying foul

プレイヤーあるいはチームベンチパーソネルのファウルで、特に悪質なファウル、はなはだしくスポーツマンらしくない行為・ふるまいに対して宣せられるファウル。

> **参考**
> ディスクォリファイングファウルを宣せられた者は、ゲームが終わるまで自チームのロッカールームにいるか、コートのある建物から立ち去らなければならない。

ティッピング
Tipping

リングやバックボードなどに当たり、最高点を過ぎて落下しているボールを指先で弾くショット。
〈同〉ティップインショット

ティップ
Tip

空中にあるボールを指先で弾くこと。ジャンプボールやリバウンドの時によく用いられる。

ディップ
Dip

①ショットを放つ際に、ボールをレシーブした位置から一旦下げる行為。

②ブラインドサイドカットにディフェンスプレイヤーが対応した時、ターンをしてボールサイドカットに切り変える動き。

ティップアウト
Tip out

空中にあるリバウンドボールやルーズボールを指先で弾いて味方プレイヤーにパスすること。

ティップインショット
Tip-in shot

リングやバックボードなどに当たり、最高点を過ぎて落下しているボールを指先で弾くショット。
〈同〉ティッピング

ティップオフ
Tip off

ゲーム開始時に、センターサークルで行うジャンプボール。
〈類〉ジャンプボール、センタージャンプ

ティップオフタイム
Tip off time

スケジュール上の試合開始時刻。

ディップショット
Dip shot

ボールをレシーブした位置から一旦下げて放つショット。

ティップスラム
Tip slum

リングやバックボードに当り跳ね返ったリバウンドボールが空中にある間に、ジャンプして空中でそのボールを掴んでバスケットに叩き込むダンクショット。
〈同〉プットバックダンクショット

ディナイディフェンス
Deny defense

マークするオフボールマンとボールをつなぐパスコースを塞いで、マークマンにボールをレシーブさせないようにするディフェンス。

ディナイバンプ
Deny bump

ディナイディフェンスの体勢でパスコースを防ぎながらバンプすること。

ディフェンシブセーフティ
Defensive safety

オフェンス時に、あらかじめ攻守が切り替わった際のディフェンス局面に備え、準備をすること。
〈同〉セーフティ

ディフェンシブレイティング
Defensive rating

100回のポゼッションあたりの失点。

ディフェンシング
トライアングル
Defensive triangle

ショットが放たれた際に、バスケットの両側に2人、正面に1人のディフェンスプレイヤーが位置を占め、三角形の隊形を形成すること。三角形の内側にオフェンスプレイヤーを入れさせないことで、リバウンドボールを獲得するための有利な状態をつくることができる。
〈同〉リバウンドトライアングル

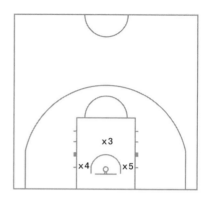

ディフェンス
Defense

ボールの権利を得た攻撃チームを守備（防御）すること。
〈対〉オフェンス

ディフェンススライド
Defense slide

ディフェンス時に用いられる足を交差させずに身体の側方へ移動するステップ。

ディフェンスファウル
Defense foul

ディフェンスプレイヤーが犯したファウル。

ディフェンスプレイヤー
Defense player

ディフェンス側のプレイヤー。
〈同〉ディフェンダー

〈対〉オフェンスプレイヤー

ディフェンスリバウンド
Defense rebound

ディフェンスプレイヤーがリバウンドボールを獲得すること。
〈対〉オフェンスリバウンド

ディフェンダー
Defender

ディフェンス側のプレイヤー。
〈同〉ディフェンスプレイヤー
〈対〉オフェンスプレイヤー

ディフレクション
Deflection

ディフェンスプレイヤーがボールに触って、ドリブルやパスをそらせる行為。

ティルト
Tilt

オフボールマンをマークするディフェンスプレイヤーが、ボール寄りにポジションをとること。

ディレイゲーム
Delay game

ショットまでの時間を長くかけるオフェンス。
〈同〉ボールコントロールオフェンス、ディレイドオフェンス
〈類〉ストーリングオフェンス、ストールオフェンス、フリージング、リードプロテクション

ディレイスクリーン
Delay screen

タイミングを遅らせたスクリーンのこと。

ディレイドオフェンス
Delayed offense

ショットまでの時間を長くかけるオフェンス。
〈同〉ディレイゲーム、ボールコントロールオフェンス
〈類〉ストーリングオフェンス、ストールオフェンス、フリージング、リードプロテクション

ディレイング・ザ・ゲーム
Delaying the game

ボールを相手から遠ざけたり、スローインを妨害する遅延行為を指す。テクニカルファウルの対象となる。

ディレクション
Direction

ディフェンスプレイヤーがオフェンスプレイヤーの進行方向を限定するポジションをとること。

〈同〉シフト

テクニカルファウル
Technical foul

規律、協力とフェアプレイの精神を、著しく、あるいは故意に、またはくり返して逸脱するふるまい。相手チームのプレイヤーとの身体の触れ合いのないプレイヤーファウル。

> **参考**
> 相手チームに1個のフリースローが与えられ、フリースローが成功してもしなくても、フリースローシューター側のチームのスローインでゲームが再開される。1プレイヤーにテクニカルファウルが2回記録されたときは、そのプレイヤーは失格・退場になる。

テクニック
Technique

運動課題を達成する際に用いられる合理的で経済的な運動の手段・方法。
〈同〉技術

デッド
Dead

原則として、ボールがバスケットに入っても得点が認められない状態のこと。

デフバスケットボール
Deaf basketball

聴覚障害者による競技。プレイヤーはチームメイト、ドリブル、審判等の音が聞こえない状態でプレイすることから、審判が黄色い手袋を着用したり、コーナーの外に位置するオフィシャルが旗を振ってプレイヤーに審判の笛がなったことを知らせるシステムを採用している。

手渡しパス

ボールマンがオフボールマンとすれちがう時に、ボールを投げるのではなく直接手渡しするパス。
〈同〉ハンドオフパス

テンポ
Tempo

オフェンスのリズムやゲーム展開の速さを表わす用語。

ト

ドアマットチーム
Door-mat team

慢性的に弱いチームのこと。他のチームが踏み付けにして通り過ぎていくことから、こう呼ばれる。

得点

ライブのボールが上からバスケットに入り、バスケットの中にとどまるか通過すること。
〈同〉ゴール、スコア

トスアップ
Toss up

センタージャンプの際に、両ジャンパーの真ん中に位置する審判が、2人が跳んでも届かない高さへボールを投げ上げること。

トップ・オブ・ザ・キー
Top of the key

フリースローを行う半円のセンターライン寄りの地点。
〈同〉オーバー・ザ・トップ、サークルヘッド、ポイント

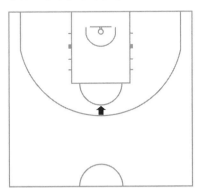

トップスピン
Top spin

順回転。進行方向に対してボールの前面が下に、後面が上に動く回転。
〈対〉バックスピン

トマホーク
Tomahawk

ボールを片手で保持し、空中で肩関節を屈曲させる勢いで、ボールをバスケット内に叩き込むダンクショット。

トライアングルオフェンス
Triangle offense

ボールサイドで、1人のオフェンスプレイヤーがインサイド、2人のオフェンスプレイヤーがアウトサイドにポジションをとり、トライアングルを形成する位置関係となって攻撃するオフェンス戦術。

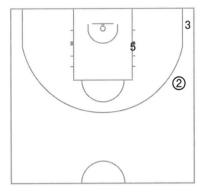

トライアングルツー
Triangle two

3人のディフェンスプレイヤーがゴール付近でトライアングルを形成してゾーンディフェンスを行い、残る2人のディフェンスプレイヤーがマンツーマンディフェンスを行うディフェンス戦術。

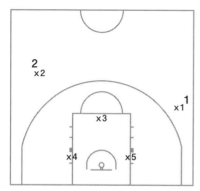

トライアングルポスト
Triangle post

3人のオフェンスプレイヤーが、それぞれハイポストの中央と左右のローポストにポジションをとり、3人でトライアングルを形成する位置関係となるセット。

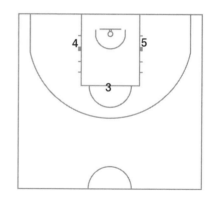

ドライブ
Drive

オフェンスプレイヤーがドリブルによってディフェンスエリアに切り込み、ゴールに向かうプレイ。
〈同〉ドリブルカットイン、ペネトレイション、ペネトレイト

ドライブ・アンド・キック
Drive and kick

アウトサイドに位置するボールマンがドライブによりインサイドに移動し、アウトサイドに位置するオフボールマンにパスをするプレイ。
〈同〉キックアウト、パンチアウト

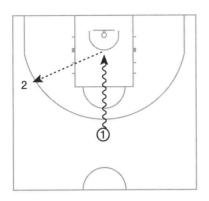

ドライブステップ
Drive step

ボールマンがドライブするために進行方向に踏むステップ。

ドライブ・トゥ・ザ・ゴール
Drive to the goal

スクリーンプレイにおいて、ユーザーがスクリーンを使用し、バスケットに向かってドライブするプレイ。

ドライブフェイク
Drive fake

オフェンスプレイヤーが、ディフェンスプレイヤーを惑わせようとしてドライブをする素振りを見せるフェイク。

ドラッグ
Drag

ボールマンがドライブをした際に、オフボールマンが空いたポジションを埋めるように動くこと。

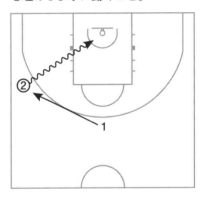

ドラッグスクリーン
Drag screen

ファストブレイクの際にボールマンがドリブルでフロントコートに進み、このプレイヤーをマークするディフェンスプレイヤーに対してトレイラーがスクリーンをかけるプレイ。

ドラッグチェンジ
Drag change

ボールが身体の後ろを通るドリブルチェンジ。
〈同〉バックチェンジ、ビハインド・ザ・バックドリブル

トラッシュトーカー
Trash talker

トラッシュトークをよく行うプレイヤー。

トラッシュトーク
Trash talk

ゲーム中、コートの内外を問わず、相手チームのプレイヤーに対して精神状態を不安定にさせる目的で放つ挑発的な言葉、またはその行為。

トラッパー
Trapper

トラップディフェンスをしかける役割を担うプレイヤー。

トラップディフェンス
Trap defense

あらかじめ準備した"罠"へオフェンスプレイヤーを追い込み、オフェンスプレイヤーのミスプレイを誘発させようとするディフェンス。

トラフィックゾーン
Traffic zone

主にゴール付近の、プレイヤーが密集している区域。

トラベリング
Travelling

コート内でライブのボールを持っているプレイヤーが、片足または両足を方向に関係なく、規定の範囲をこえて移動させること。

トランジション
Transition

攻防の切り替え。
〈同〉コンバージョン

トランジションゲーム
Transition game

攻防の切り替えが速いゲーム。

トランジションディフェンス
Transition defence

攻撃と防御の切り替えの局面で行うディフェンス。

トリッピング
Tripping

相手チームのプレイヤーをつまずかせるファウルのこと。

ドリフト
Drift

ボールマンがドライブをする動きに合わせて、オフボールマンがパスをレシーブしやすいポジションへ移動すること。"合わせ"のプレイ。

ドリブラー
Dribbler

①ドリブルをしているプレイヤー。
②ドリブルの技術が優れているプレイヤー。

ドリブル
Dribble

ライブのボールをコントロールしたプレイヤーが、ボールを投げたり叩いたり転がしたりしてフロアに触れさせること。またはバックボードを狙ってボールを投げて、ボールを移動させること。

参考

上記のとおり、競技規則では『バックボードを狙ってボールを投げて、ボールを移動させること』もドリブルとして定義されている。したがって、一連のドリブルを終えて、バックボードにボールを当て、それを自身でキャッチしてダンクするプレイは「ダブルドリブル」となる。しかし審判がバックボードにボールを当てる行為を「ショット」とみなした場合はダブルドリブルにはならない。

ドリブルアップ
Dribble up

ドリブルを止めて両手でボールを保持すること。

ドリブルウィーブ
Dribble weave

ドリブルスクリーンを連続して行うオフェンス戦術。
〈同〉ローリングオフェンス

ドリブルエントリー
Dribble entry

ドリブルからセットオフェンスを始めること。

トリプルオーバータイム
Triple overtime

再延長（ダブルオーバータイム）において、同点だった場合に行われる再々延長。

ドリブルカット
Dribble cut

ディフェンスプレイヤーが、ドリブラーのコントロールしているボールに触れてボールの動きを止める行為。

ドリブルカットイン
Dribble cut in

オフェンスプレイヤーがドリブルによってディフェンスエリアに切り込み、ゴールに向かうプレイ。
〈同〉ドライブ、ペネトレイション、ペネトレイト

ドリブルショット
Dribble shot

ドリブルで移動している状態から、止まることなく一連の動作で放たれるショット。

ドリブルスクリーン
Dribble screen

ドリブラーがスクリーナーとなるスクリーンプレイ。
〈同〉ドリブルハンドオフ、ドリブ

ルラブ

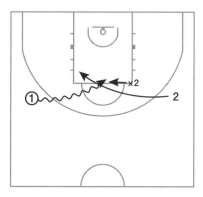

トリプルスレットポジション
Triple threat position

ショット、パス、ドリブルのいずれにも即座に移ることができるボールマンの構え。ボールマンが次にどんなプレイをするのか、ディフェンスプレイヤーの予測が困難となることから、「3つの脅威（スレット）を与える構え」という意味で用いられている。
〈同〉スリースレットポジション

ドリブルダウン
Dribble down

ドリブルを用いてゴールもしくはベースラインの方向へ進むこと。

トリプルダブル
Triple double

1人のプレイヤーが1試合で得点、

リバウンド、アシスト、スティール、ブロックショットのうち、3部門で2ケタ以上の成績を残すこと。

トリプルチーム
Triple team

ボールマンに対して3人のディフェンスプレイヤーで守ること。

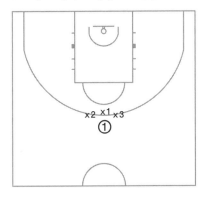

ドリブルチェイス
Dribble chase

ボールマンがオフボールマンの方向へドリブルをしながら移動し、これに合わせてオフボールマンが隣のポジションへ移動すること。

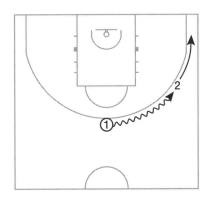

ドリブルチェンジ
Dribble change

ドリブル中に身体の右から左、または左から右へとボールの位置を変えること。

ドリブルドライブ
モーションオフェンス
Dribble drive motion offense

4アウト1インのアライメントからアウトサイドに位置するボールマンのペネトレイトによって展開されるオフェンス戦術。

ドリブルハンドオフ
Dribble hand off

ドリブラーがスクリーナーとなるスクリーンプレイ。略して「DHO」と呼ばれることもある。
〈同〉ドリブルスクリーン、ドリブルラブ

ドリブルプッシュ
Dribble push

ドリブルしているボールを前に突き出すこと。

ドリブルラブ
Dribble rub

ドリブラーがスクリーナーとなるスクリーンプレイ。
〈同〉ドリブルスクリーン、ドリブルハンドオフ

ドリブルハンドオフ／ドリブルラブ

トルソー
Torso

胴体のこと。

トレース
Trace

ボールマンがボールを掴んでいる状況において、ボールマンをマークするディフェンスプレイヤーがボールの動きに合わせてボールに手をかざして動かすこと。
〈同〉ミラー

トレースハンド
Trace hand

トレースする際にボールにかざす手。

トレーラー
Trailer

ボールラインの後方から追いかけてくるオフェンスプレイヤーのこと。トレーラーが複数いる場合、先に走るプレイヤーをファーストトレーラー、ファーストトレーラーの後方からついてくるプレイヤーをセカンドトレーラーという。

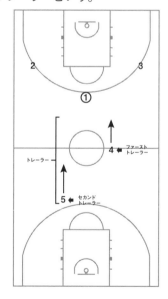

トレーラーゾーン
Trailer zone

フロントコートのキーラインとバックコートのキーラインとを結ぶ2本の仮想ライン周辺のゾーン。トレーラーが走るゾーンとされる。

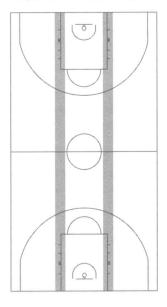

トレイル
Trail

①ボールラインの後方に位置するオフェンスプレイヤーが、ボールラインを追うこと。

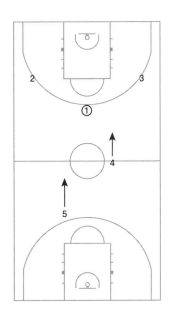

②パッサーがパスしたボールの後を追うこと。

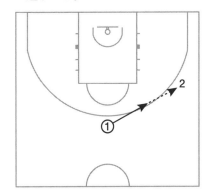

トレイルオフィシャル
Trail official

①ツーパーソンレフェリーズシステムにおいて、フロントコートで、

バスケットに向かって左側のサイドラインの近くに位置する審判。
②スリーパーソンレフェリーズシステムにおいて、リードオフィシャルと同じサイド（通常はボールサイド）で、センターラインに近いほうのチームベンチエリアの端付近に位置する審判。

ドロー・ア・ファウル
Draw a foul
相手プレイヤーから意図的にファウルを受けること。

ドロップ
Drop
ディフェンスプレイヤーがエンドライン方向へとポジションを下げて、ローテーションすること。

ドロップステップ
Drop step

ボールマンがゴールに背を向けた状態で、フリーフットをゴール方向に引き下げるステップ。
〈同〉ディープステップ

ドロップバック
Drop back
ディフェンスプレイヤーがゴール方向に一歩下がること。

ナ

ナッシング・バット・ネット
Nothing but net
ボールがバックボードやリングに触れずにゴールすること。
〈同〉クリーンショット、スウィッシュショット

ナンバーコール
Number call
ゲーム中、あらかじめ決められたプレイに割り当てられたナンバーをチームのプレイヤーに伝えること。

ナンバープレイ
Number play
プレイヤーの配置や動きのパターンを決めて行うオフェンス。
〈同〉コントロールオフェンス、セットプレイ、パターンオフェンス、

フォーメーションプレイ
〈対〉フリーオフェンス、フリーランスオフェンス

ナンバーブレイク
Number break

プレイヤーの走るコースや動きのパターンを決めて行うファストブレイク。
〈同〉パターンドブレイク

ニ

ニーブレイス
Knee brace

ひざに装着する防具。

ニアマン
Near man

自身の最も近くに位置する相手チームのプレイヤー。

ニアレストマンツーマンディフェンス
Nearset man-to-man defense

決められたディフェンス隊形を組んだ後、ディフェンスエリアに進入してきたオフェンスプレイヤーに対して最も近くに位置するディフェンスプレイヤーから順にマークするディフェンス戦術。

2次速攻

ファストブレイクで攻めきれなくても、相手ディフェンスが態勢を整え終える前の状況であれば、隙を狙ってはやめに攻めるオフェンスのこと。ファストブレイクとセットオフェンスの中間としての位置づけ。
〈同〉アーリーオフェンス、セカンダリーブレイク

24秒ルール

コート内でライブのボールをコントロールしたチームは、24秒（14秒）以内にショットしなければならないというルール。

> **参考**
> FIBAが制定するインターナショナルルールでは、攻撃側は攻撃権を得てから「24秒」以内にショットを打たなければならない（NBAも24秒以内）。ただし残り14秒を切ってから、攻撃側がリバウンドを取った場合、もしくは守備側がファウルをした場合、ショットクロックは「14秒」に戻されて、リスタートとなる。

2線

ワンパスアウェイポジションに位置するオフボールマンをマークするディフェンスプレイヤー。

2番ポジション

主にアウトサイドショットやドライブにより得点を稼ぎ、ポイントガードのボール運びを補佐する役割を担うポジション。
〈同〉シューティングガード、セカンドガード
〈類〉オフガード

ニュートラルゾーン
Neutral zone

キーライン上にある長方形に塗りつぶしてある部分。
〈同〉ビックブロック、ブロック、ボックス、ローブロックエリア

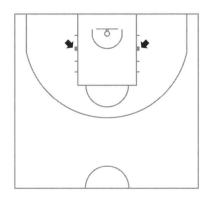

ニュートラルボール
Neutral ball

ライブの状態で、どちらのチームもチームコントロールをしていないボール。
〈同〉ルーズボール

ネ

ネット
Net

リングから下がっている網。

ノ

ノーカウント
No count

得点として認めないこと。

ノーステップパス
No step pass

ジャンプして空中でボールをレシーブし、着地する前に出すパス。

ノーチャージセミサークル
No charge semi-circle

バスケットの中央の真下を中心とする円周の内側までが半径1.25mの半円と、その端をサイドラインと平行にエンドラインの内側の縁から1.2mの位置まで延長したライン（ラインの端はバックボードの表面の位置と一致する）。

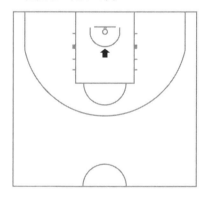

ノーチャージ
セミサークルエリア
No charge semi-circle area

ノーチャージセミサークルのラインとバックボードの表面をフロアに投影した仮想的なラインの内側のエリア。ノーチャージセミサークルのラインは、ノーチャージセミサークルエリアの一部である。

ノーマーク
No mark

オフェンスプレイヤーがディフェンスプレイヤーにマークされていない状態。
〈同〉オープン、フリー、フルオープン、ワイドオープン

ノーマルナンバー
Nomal number

有効な攻撃が展開できるエリアで、オフェンスプレイヤーの人数とディフェンスプレイヤーの人数とが同数の状況。
〈同〉タイトナンバー

ノーマル
バスケットボールプレイ
Normal basketball play

通常のバスケットボール競技のプレイ。

ノーマル
バスケットボールポジション
Normal basketball position

プレイヤーがコート上で普通に足を開いた位置。

ノーミドル
No middle

ディフェンスプレイヤーが、ボール

マンにミドルドライブをされないようにボールマンをベースライン、サイドライン方向に向かわせることを強調すること。
〈対〉ノーライン

ノーミドルスタンス
No middle stance

ディフェンスプレイヤーが、ボールマンにミドルドライブをされないようにボールマンをベースライン、サイドライン方向に向かわせることを強調したスタンス。
〈対〉ノーラインスタンス

ノーモーションパス
No motion pass

ボールをレシーブしたところから、素早く小さな動作で出すパス。

ノーライン
No line

ディフェンスプレイヤーが、ボールマンにベースラインドライブをされないようにボールマンをミドルライン方向に向かわせることを強調すること。
〈対〉ノーミドル

ノーラインスタンス
No line stance

ディフェンスプレイヤーが、ボールマンにベースラインドライブをされないようにボールマンをミドルライン方向に向かわせることを強調したスタンス。
〈対〉ノーミドルスタンス

ノールックパス
No look pass

レシーバーを見ないで出すパス。

ノックダウン
Knock down

ディフェンスプレイヤーが、手を振り下ろすことでボールをカットし、フロアにボールを叩きつけること。

ハ

ハーキー
Hockey

足を左右交互に細かく速く踏むステップ。
〈同〉スタッターステップ、フットファイヤー

パーソナルファウル
Personal foul

ボールのライブ、デッドに関係なく、相手チームのプレイヤーとの不当な身体の触れ合いによるプレイヤーファウル。

バーティカルスクリーン
Vartical screen

スクリーナーがサイドラインと平行に動いてセットするスクリーン。
〈対〉ラテラルスクリーン

ハードショー
Hard show

スクリーンプレイに対するショーディフェンスの動きを大きく行うこと。スクリーナーをマークするディフェンスプレイヤーが、ユーザーの進行方向に大きく移動してユーザーに対してディフェンスすることを大きくアピールする（見せる）動き。

ハードファウル
Hard foul

異常に激しい触れ合いによるものであると審判が判断したファウル。

ハードワーカー
Hard worker

ゴール下でのリバウンドやスクリーンプレイにおけるスクリーナーなど、身体接触を伴うタフなプレイを率先して行うプレイヤー。
〈同〉ブルーカラーワーカー

ハーフアーム
Half arm

ワンアームの半分の距離。

ハーフコート
Half court

コートをセンターラインで2等分した片側のエリア。

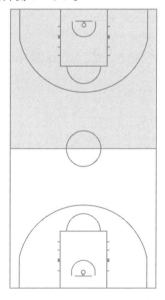

ハーフコートオフェンス
Half court offense

オフェンスにおいて、ファストブレイクとアーリーオフェンスを除いたもの。チームがボールを保持した後、ファストブレイクを試行せず、オフェンスの態勢を整えて行われるオフェンス。

〈同〉セットオフェンス、遅攻

ハーフコートマンツーマンディフェンス
Half court man-to-man defense

守備範囲をバックコートだけに限定して行うマンツーマンディフェンス。

ハーフタイム
Half time

前半と後半の間にある休憩時間のこと。

> **参考**
>
> FIBAのインターナショナルルールでは「10分」と規定されており、大会主催者の考えにより『15分』に変更することが認められている。国内リーグBリーグおよびWリーグもそれに準じている。

ハーフライン
Half line

コート中央にエンドラインと平行に引かれたライン。バックコートとフロントコートの区切りとなる。

〈同〉センターライン

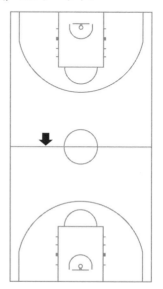

パーミング
Palming

ドリブル中に、ボールを下から支え持つバイオレイション。

〈同〉オーバードリブル、キャリング

ハイ・アンド・ローポストプレイ
High and low-post play

ハイポストに位置するボールマンか

らローポストに位置するオフボールマンにパスをして攻撃するプレイ。
〈類〉ポストポスト

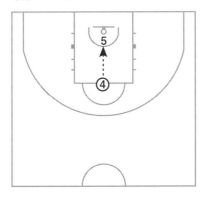

バイオレイション
Violation

規則に対する違反のうち、身体の触れ合いおよびスポーツマンらしくない行為（ファウル）を含まないもの。

ハイサイド
High-side

コート上のある地点を境にした時の、ゴールから遠い側のエリア。
〈同〉アウトサイド
〈対〉インサイド、ローサイド

ハイスコア
High score

ゲームにおいて両チームの得点が多いこと。
〈対〉ロースコア

ハイセット
High set

5人のオフェンスプレイヤーがフリースローラインの延長線上よりセンターライン側にポジションをとる隊形。代表的な型は2-3ハイセットと1-4ハイセットの2パターンである。

ハイゾーン
High zone

バックラインと比較して、フロントラインに多くのディフェンスプレイヤーを配置させるゾーンディフェンス。
〈対〉ローゾーン

ハイタッチ
High touch

プレイがうまくいった時などに、チームメイト同士で手をあげて行うタッチ。
〈同〉ハイファイブ

ハイ・トゥ・ローポストカット
High to low post cut

ハイポストからローポストへのカット。

ハイピック
High pick

トップ・オブ・ザ・キー付近でのピックプレイ。

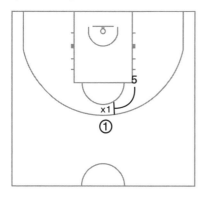

ハイファイブ
High five

プレイがうまくいった時などに、チームメイト同士で手をあげて行うタッチ。
〈同〉ハイタッチ

ハイフライヤー
High flyer

高く跳ぶことのできるプレイヤー。

ハイポスト
High-post

フリースローライン付近のエリア。

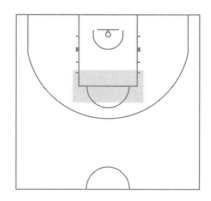

ハイポストフラッシュ
High-post flash

ハイポストへのフラッシュカット。

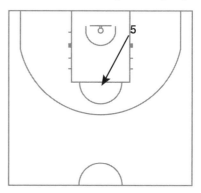

ハイループレイアップショット
High loop lay-up shot

通常よりもボールを高く投げ上げるレイアップショット。
〈同〉スクープショット

ハウス
House

①フリースローラインを両側に0.65mずつ延長したラインと、エンドラインの中央から左右2.45mのラインと、その端点が結ばれ区画されたコートの長方形の部分。オフェンスプレイヤーはこの区域内に3秒を超えてとどまることはできない。

〈同〉ショートレンジ、セーフティゾーン、制限区域、フリースローレーン、ペイントエリア、ペイントゾーン、ボックス、レーン

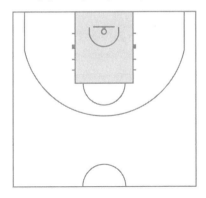

②リングのこと。

バウンスパス
Bounce pass

フロアにボールをバウンドさせるパス。

パス
Pass

味方プレイヤーにボールを送ること。またはその方法。

パスアウト
Pass out

インサイドに位置するボールマンがアウトサイドに位置するオフボールマンにパスをするプレイ。

〈同〉インサイドアウト、リリースパス

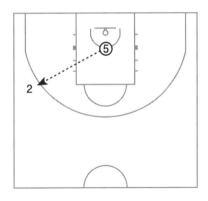

パスアングル
Pass angle

パスをする際にディフェンスプレイヤーが妨げとならない、パスコースが開けた角度。

〈同〉パッシングアングル

パス・アンド・カット
Pass and cut

パッサーがパスをした後すぐに走って移動するプレイ。
〈同〉ギブ・アンド・ゴー、パス・アンド・ゴー、パス・アンド・ラン

パス・アンド・ゴー
Pass and go

パッサーがパスをした後すぐに走って移動するプレイ。
〈同〉ギブ・アンド・ゴー、パス・アンド・カット、パス・アンド・ラン

パス・アンド・ラン
Pass and run

パッサーがパスをした後すぐに走って移動するプレイ。
〈同〉ギブ・アンド・ゴー、パス・アンド・カット、パス・アンド・ゴー

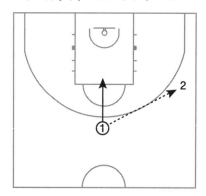

パス・アンド・カット／パス・アンド・ゴー／パス・アンド・ラン

パスエントリー
Pass entry

パスからセットオフェンスを始めること。

パスカット
Pass cut

ディフェンスプレイヤーが、パスされたボールに触れてボールの動きを止める行為。

バスケット
Basket

リングとネットで構成される器具。

バスケットカウント
Basket count

ショットモーション中にファウルをされ、なおかつショットされたボールがバスケットに入ること。得点が認められ1本のフリースローが与えられる。
〈同〉アンドワン

バスケットカット
Basket cut

オフボールマンによるゴール方向へのカット。

バスケットバスケットライン
Basket basket line

バスケットとバスケットを結ぶ仮想線。
〈同〉ミドルライン

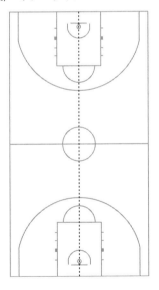

バスケットボール
Basketball

バスケットボール競技で使用されるボール。

参考
ミニバスケットボールは5号球（周囲69.0～71.0cm、重さ470～500g）、中学生以上の女子は6号球（周囲72.4～73.7cm、重さ510～567g）、中学生以上の男子は7号球（周囲74.9～78.0cm、重さ567～650g）を使用する。スリー・バイ・スリーでは周囲が6号球と同じ72.4～73.7cm、重さが7号球と同じ567～650gのボールを使用する。

バスケットボール競技

頭上の水平面のゴールにボールを入れるシュートの攻防を争点として、個人やグループあるいはチームが同一コート上で混在しながら得点を争う競技。

パスコース
Pass course

パッサーとレシーバーを結んだコース。
〈同〉パスライン、パッシングレーン

パスフィーディング・ザ・ポスト
Pass feeding the post

ポストエリアに位置するプレイヤーへパスをすること。
〈同〉パスフィード、ポストフィード
〈類〉インサイドパス

パスフィード
Pass feed

ポストエリアに位置するプレイヤーへパスをすること。
〈同〉パスフィーディング・ザ・ポスト、ポストフィード
〈類〉インサイドパス

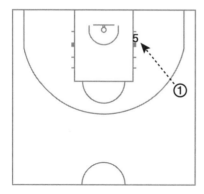

パスフィーディング・ザ・ポスト／パスフィード

パスフェイク
Pass fake

オフェンスプレイヤーが、ディフェンスプレイヤーを惑わせようとしてパスをする素振りを見せること。

パスミート
Pass meet

自身にパスされたボールに向かって動き、レシーブするプレイ。
〈同〉カウンター、ボールミート、ミート・ザ・ボール

パスライン
Pass line

パッサーとレシーバーを結んだライン。
〈同〉パスコース、パッシングレーン

パターンオフェンス
Pattern offense

プレイヤーの配置や動きのパターンを決めて行うオフェンス。
〈同〉コントロールオフェンス、セットプレイ、ナンバープレイ、フォーメーションプレイ
〈対〉フリーオフェンス、フリーランスオフェンス

パターンドブレイク
Patterned break

プレイヤーの走るコースや動きのパターンを決めて行うファストブレイク。
〈同〉ナンバーブレイク

8秒ルール

プレイヤーがバックコート内でライ

ブのボールをコントロールしたチームは、8秒以内にボールをフロントコートに進めなければならないというルール。

ハック
Hack

フリースローが苦手なプレイヤーに対して、故意にファウルをしてフリースローを打たせる戦術。

バックアップ
Backup

主力プレイヤーの交代要員。ポジション別にいうことが多く、バックアップセンターなどという。

バックアップドリブル
Back up dribble

ディフェンスプレイヤーから離れるようにして後ろに下がるドリブル。
〈同〉リトリートドリブル

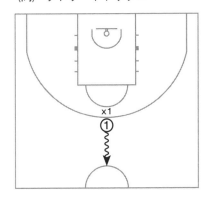

バックカット
Back cut

オフボールマンが、自身のマークマンの両脇のうち、ボールマンと反対側を通ってゴールに向かうカット。
〈同〉バックドアカット、ブラインドサイドカット
〈対〉スクエアカット、フロントカット、フロントドア、ボールサイドカット

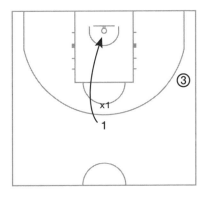

バックキャッチ
Back catch

身体の後ろでのキャッチ。
〈同〉リアキャッチ

バックコート
Backcourt

①自チームのバスケットの後ろのエンドラインからセンターラインの遠いほうの縁までのコートの部分をいい、自チームのバスケットと

そのバックボードの裏以外の部分を含む。
〈対〉フロントコート
②比較的ゴールから離れた位置にポジションをとることが多い2人のガードのこと。
〈対〉フロントコート、フロントライン

バックコートバイオレイション
Backcourt violation

フロントコートに進めたボールをバックコートに返すバイオレイション。
〈同〉バックパス、ボールリターン・オブ・ザ・バックコート

バックショット
Back shot

ゴール下でバスケットを背中越しにボールを放つレイアップショット。
〈同〉リバースレイアップショット

バックスクリーナー
Back screener

ゴールを背にしてスクリーンをセットするスクリーナー。

バックスクリーン
Back screen

スクリーナーがゴールから遠ざかるように動いてセットするオフボールスクリーン。
〈同〉アップスクリーン
〈対〉ダウンスクリーン、ピンダウンスクリーン、フロントスクリーン

バックステップ
Back step

後ろに下がるステップ。
〈同〉バックワード

バックストップユニット
Backstop unit

バックボード、リングおよびその取り付け部分、ネット、バックボードサポート（バスケットサポート）で構成される器具。

バックスピン
Back spin

逆回転。進行方向に対してボールの前面が上に、後面が下に動く回転。
〈対〉トップスピン

バックターン
Back turn

一方の足を後方に引いて回転するターン。
〈同〉リアターン、リバースターン
〈対〉フロントターン

バックターンドリブル
Back turn dribble

ドリブルを突いている手の側の足を後方に引いて、バックターンをしながら行うドリブルチェンジ。
〈同〉リバースドリブル

バックダンクショット
Back dunk shot

バスケットを背にして行うダンクショット。
〈同〉リバースダンクショット

バックチェンジ
Back change

ボールが身体の後ろを通るドリブルチェンジ。
〈同〉ドラッグチェンジ、ビハインド・ザ・バックドリブル

バックディフェンス
Back defense

ポストに位置するオフボールマンをマークするディフェンスプレイヤーが、ボール方向側を正面として、オフボールマンの裏に位置してディフェンスする方法。
〈対〉フルフロント、フロンティング、フロントディフェンス

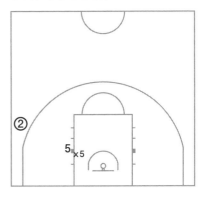

バックドアカット
Backdoor cut

オフボールマンが、自身のマークマンの両脇のうち、ボールマンと反対側を通ってゴールに向かうカット。
〈同〉バックカット、ブラインドサイドカット
〈対〉スクエアカット、フロントカット、フロントドア、ボールサイドカット

バックドリブル
Back dribble

後ろに下がるドリブル。

バックパス
Back pass

フロントコートに進めたボールをバックコートに返すバイオレイション。
〈同〉バックコートバイオレイション、ボールリターン・オブ・ザ・バックコート

バックファイア
Backfire

ボールマンをマークするディフェンスプレイヤーが、ボールマンがドリブルで自身の脇を通過する際に、ボールマンの背後に回り込んで手を伸ばし、ドリブルカットをするプレイ。

バックペダル
Back pedal

身体を正面に向けたまま後ろ方向へ走ること。
〈同〉バックランニング

バックボード
Backboard

バスケットの後方に設置された縦1.05m×横1.80mのボードのこと。内側に引かれた長方形は縦45cm×横59cm。

バックライン
Back line

ゾーンディフェンスの隊形を組んだ際の後列のこと。
〈対〉フロントライン

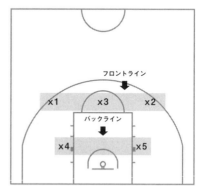

パックラインディフェンス
Pack line defense

ボールマンに対してはディフェンス

プレイヤー1人がプレッシャーをかけ、他のディフェンスプレイヤーはパックライン（スリーポイントラインの内側に設定した仮想ライン）の内側に留まるディフェンス。

バックランニング
Back running

身体を正面に向けたまま後ろ方向へ走ること。
〈同〉バックペダル

バックワード
Backward

後ろに下がるステップ。
〈同〉バックステップ

パッサー
Passer

パスを出すプレイヤー。

ハッシュマーク
Hash mark

フリースローの時にキーライン沿いに並ぶプレイヤーの境界を示すキーライン上のマーク。フリースローラインに近いほうから第1ハッシュ、第2ハッシュと数える。

パッシングアングル
Passing angle

パスをする際にディフェンスプレイヤーが妨げとならない、パスコースが開けた角度。
〈同〉パスアングル

パッシングウィンドウ
Passing window

ディフェンスプレイヤーの頭の横と頭上の空間。ディフェンスプレイヤーが反応しにくく、パスがインターセプトされにくい空間となる。

パッシングオフェンス
Passing offence

パスを多用したオフェンス。

パッシングゲーム
Passing game

パスを主体に構成されるモーション

オフェンス。

パッシングターゲット
Passing target

パスを狙う場所。

パッシングダウン
Passing down

パスをつないでゴール方向へボールを運ぶこと。

パッシングレーン
Passing lane

パッサーとレシーバーを結んだレーン。
〈同〉パスコース、パスライン

ハッスルスタッツ
Hustle stats

ショットチェック数、ディフレクション数、ルーズボール獲得数、チャージング獲得数の成績をまとめたもの。

ハッチディフェンス
Hatch defense

スクリーンプレイに対して、スクリーナーをマークするディフェンスプレイヤーがユーザーの進行方向に飛び出してコースチェックをした後、速やかにスクリーナーのディフェンスに戻る方法。

〈類〉ショー・アンド・バック

ハドル
Huddle

タイムアウトなど、ゲームクロックが止まっている時に、プレイヤー同士、もしくはプレイヤーとスタッフが集まっている状態。

パネル
Panel

ボールの表面部分。8面体のボールは8枚、12面体のボールは12枚のパネルがつなぎ合わされている。

バランスハンド
Balance hand

ワンハンドショットを構えた際にボールを支える手。シューティングハンドとは反対側の手。
〈対〉シューティングハンド

バランスフット
Balance foot

ワンハンドショットにおけるバランスハンド側の足。
〈対〉シューティングフット

ハリーバック
Hurry back

トランジションの際にディフェンス

をする位置に素早く戻ること。

パワーショット
Power shot
オフェンスプレイヤーによる、ディフェンスプレイヤーのブロックショットや身体接触、ファウルをものともしない力強いゴール下のショット。

パワーステップ
Power step
オフェンスプレイヤーによる、ディフェンスプレイヤーの身体接触をものともしない両足で踏み切る力強いステップ。

パワードリブル
Power dribble
ポストエリアにおいて、ポジションどりをしながら両手で1度だけ行う力強いドリブル。

パワーフォワード
Power forward
主にゴール下での得点を主な役割とし、リバウンドなどパワフルなプレイが求められるポジション。略称はPF。
〈同〉 4番ポジション

パワープレイ
Power play
オフェンスプレイヤーによる、ディフェンスプレイヤーの身体接触やファウルをものともしない力強いプレイ。
〈同〉 パワームーブ

パワームーブ
Power move
オフェンスプレイヤーによる、ディフェンスプレイヤーの身体接触やファウルをものともしない力強いプレイ。
〈同〉 パワープレイ

パワーレイアップ
Power lay-up
両足で踏み切る力強いレイアップショット。

バンクショット
Bank shot
ボールをバックボードに当ててバスケットを通過させるショット。
〈同〉 ショックショット

ハングタイム
Hang time
プレイヤーがジャンプしている間の滞空時間。

ハンズアップ
Hands up

手を上げること。

ハンズレディー
Hands ready

オフボールマンがボールをレシーブ後、素早くショットを放てる位置に手を準備すること。

パンチアウト
Punch out

アウトサイドに位置するボールマンがドライブによりインサイドに移動し、アウトサイドに位置するオフボールマンにパスをするプレイ。
〈同〉キックアウト、ドライブ・アンド・キック

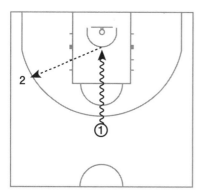

ハンドオフパス
Hand-off pass

ボールマンがオフボールマンとすれちがう時に、ボールを投げるのではなく直接手渡しするパス。
〈同〉手渡しパス

ハンドチェッキング
Hand checking

相手チームのプレイヤーの身体に対して、手で不当な触れ合いを起こし、動きに支障を与えるファウル。

ハンドチェック
Hand check

ディフェンスプレイヤーが手でオフェンスプレイヤーの身体に触れて行うディフェンスの方法。

ハンドチェンジ
Hand change

ドリブル中に、ボールをつく手を変えること。

ハンドワーク
Hand work

手の使い方。

バンプ
Bump

ディフェンスプレイヤーがオフェンスプレイヤーの進路に位置を占め、身体でオフェンスプレイヤーにコンタクトして進行を止める、もしくは

進行方向を変えさせること。
〈同〉ボディチェック

バンプ・アンド・ラン
Bump and run

ディフェンスプレイヤーがマークするオフェンスプレイヤーに身体を当てながら、離れずにまとわりつくように移動するディフェンスの方法。

ヒ

ビジターゲーム
Visitor game

敵チームのホームタウンでの試合。
〈同〉アウェイゲーム
〈対〉ホームゲーム

ビジターチーム
Visitor team

ホームチームと対戦するチーム。
〈対〉ホームチーム

ビジブルカウント
Visible count

5秒バイオレイション、8秒バイオレイションのカウントの合図。

ビジョン
Vision

視野、見える範囲。

ピストルスタンス
Pistol stance

ヘルプサイドに位置するオフボールマンをマークするディフェンスプレイヤーが、両人差し指でボールマンとマークマンを指差す（指でけん銃を表す）ようにする構え。

ピストルポジション
Pistol position

ヘルプサイドに位置するオフボールマンをマークするディフェンスプレイヤーが、両人差し指でボールマンとマークマンを指差して、双方が視野に入る位置。

ピック
Pick

①オフェンスプレイヤーが、ボールマンをマークするディフェンスプレイヤーの進路に位置を占めて作る壁のこと。
〈同〉ボールスクリーン

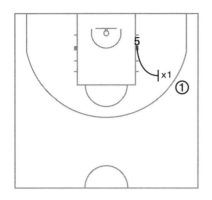

②ピックプレイの略称。

ピックアップ
Pick up

ディフェンスプレイヤーが自身のマークすべきオフェンスプレイヤーを捕えてディフェンスの体勢をとること。
〈同〉キャッチアップ

ピック・アンド・ダイブ
Pick and dive

ピックプレイにおいて、ユーザーがスクリーンを使用した後に、スクリーナーがゴール近辺に飛び込むプレイ。

ピック・アンド・ポップ
Pick and pop

ピックプレイにおいて、ユーザーがスクリーンを使用した後に、スクリーナーがアウトサイドへ飛び出すプレイ。

ピック・アンド・ロール
Pick and roll

ピックプレイにおいて、ユーザーがスクリーンを使用した後に、スクリーナーがゴールに近い方の足を軸に

ロールターンするプレイ。

ピック・イン・ポップ
Pick in pop

ピックプレイにおいて、ユーザーがスクリーンを使用した後に、スクリーナーがいったんインサイドに移動し、その後アウトサイドへ飛び出すプレイ。

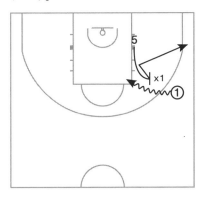

ピックオフプレイ
Pick off play

パッサーがレシーバーをマークするディフェンスプレイヤーにスクリーンをセットするピックプレイ。

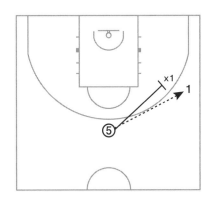

ピック・ザ・ピッカー
Pick the picker

スクリーナーに新たなスクリーンをセットするプレイ。
〈同〉スクリーン・ザ・スクリーナー、スクリーン・フォー・スクリーナー

ビッグドリブル
Big dribble

高くつくドリブル。

ビッグハンド
Big hand

ディフェンスプレイヤーがショットモーションにあるプレイヤーのボールに対して手を上げて妨害すること。
〈同〉ショットチェック、チャレンジショット

ピックプレイ
Pick play

オフボールマンがボールマンをマークするディフェンスプレイヤーの進路に位置を占めることで、ディフェンスプレイヤーの動きを妨げるプレイ。
〈同〉インサイドスクリーン

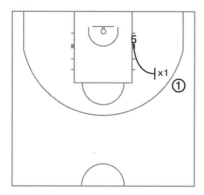

ビッグブロック
Big block

キーライン上にある長方形に塗りつぶしてある部分。

〈同〉ニュートラルゾーン、ブロック、ボックス、ローブロックエリア

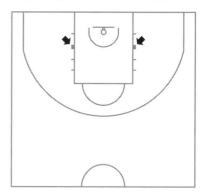

ビッグマン
Big man

長身プレイヤーのこと。

ピッチ
Pitch

ボールを投げること。

ピッチアウト
Pitch out

ドリブルをしている状態から、ボールを掴まずに弾くようにして出すパス。
〈同〉ピッチアップ、ピッチパス

ピッチアップ
Pitch up

ドリブルをしている状態から、ボールを掴まずに弾くようにして出すパス。
〈同〉ピッチアウト、ピッチパス

ピッチパス
Pitch pass

ドリブルをしている状態から、ボールを掴まずに弾くようにして出すパス。
〈同〉ピッチアウト、ピッチアップ

ピッチング
Pitching

ボールを弾くように突きながら移動するドリブル。

ヒット・トゥ・ザ・ヘッド
Hit to the head

相手チームのプレイヤーの頭に手が当たるファウル。

ビハインド
Behind

ゲームの進行中において、負けている状態のこと。

ビハインド・ザ・ネックパス
Behind the neck pass

ボールが首の後ろを通るパス。

ビハインド・ザ・バックドリブル
Behind the back dribble

ボールが身体の後ろを通るドリブルチェンジ。
〈同〉ドラッグチェンジ、バックチェンジ

ビハインド・ザ・バックパス
Behind the back pass

ボールが腰の後ろを通るパス。

ピボット
Pivot

コート内でライブのボールを持ったプレイヤーが、片側の足（ピボットフット）はフロアとの接点を変えずに、反対側の足だけを何度でも任意の方向に踏み出すこと。

ピボットオフェンス
Pivot offense

ポストエリアに位置するオフェンスプレイヤーを利用した攻撃。
〈同〉インサイドゲーム

ピボットフェイク
Pivot fake

ピボットのステップを用いたフェイク。

ピボットフット
Pivot foot

ピボットの際の軸足。ボールを保持した後のストライドストップの場合には、1歩目の足がこれにあたる。
〈対〉フリーフット、リードフット

ピボットマン
Pivot man

主にポストプレイなどインサイドで積極的に得点を狙う役割を担うポジション。長身選手が起用されるケースが多い。
〈同〉5番ポジション、センター

ピュアシューター
Pure shooter

アウトサイドショットを決める能力が傑出しているプレイヤー。
〈同〉シャープシューター、シューティングマシン

ピリオド
Period

試合の区切りとなる単位。現行のインターナショナルルールでは10分を1ピリオドとし、それを4回行う。
〈同〉クォーター

ピンダウンスクリーン
Pin down screen

スクリーナーがゴールに近づくように動いてセットするオフボールスクリーン。
〈同〉ダウンスクリーン、フロントスクリーン
〈対〉アップスクリーン、バックスクリーン

ピンチ
Pinch

ボールマンに対して2人のディフェンスプレイヤーで守ること。
〈同〉ダブルチーム

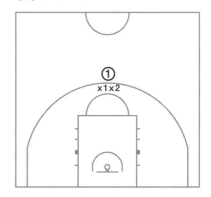

ピンニング
Pinning

相手チームのプレイヤーを移動不可能にすること。

ピンハンド
Pin hand

オフェンスプレイヤーがディフェンスプレイヤーに接近された状態でプレイする際に、ディフェンスプレイヤーの動きを押さえようとする手。ボールを扱う手と反対側の手となる。
〈同〉ヘルプハンド

フ

フープ
Hoop

バスケットボール競技のリングを示す俗語。
〈同〉リム

ファーストカッター
First cutter

複数のプレイヤーが連続的にある地点を通過してカットするプレイにおいて、最初にカットするプレイヤー。

ファーストスクリーン
First screen

スタッガードスクリーンにおけるユーザーからみて手前にセットされているスクリーン。

ファーストトレーラー
First trailer

トレーラーが複数いる場合において先頭を走るトレーラー。

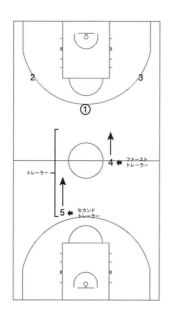

ファーストハーフ
First half

1ゲームを2つに区切った際の前半分の時間帯。現在のインターナショナルルールでは第1ピリオドと第2ピリオドがこれにあたる。
〈同〉前半

ファーストユニット
First unit

セカンドユニットに対してゲームの最初に出場する5人のプレイヤー。
〈類〉スターティングファイブ、スターティングメンバー、スターティングラインアップ

ファイトオーバー・ザ・スクリーン
Fight over the screen

ユーザーのマークマンがスクリーンにかからないようにスクリーナーとユーザーの間をすり抜けること。
〈同〉ファイトオーバー・ザ・スルー、ファイトオーバー・ザ・トップ

ファイトオーバー・ザ・スルー
Fight over the through

ユーザーのマークマンがスクリーンにかからないようにスクリーナーとユーザーの間をすり抜けること。
〈同〉ファイトオーバー・ザ・スクリーン、ファイトオーバー・ザ・トップ

ファイトオーバー・ザ・トップ
Fight over the top

ユーザーのマークマンがスクリーンにかからないようにスクリーナーとユーザーの間をすり抜けること。
〈同〉ファイトオーバー・ザ・スクリーン、ファイトオーバー・ザ・スルー

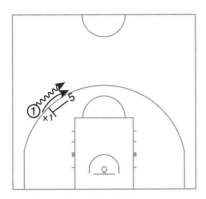

ファイトオーバー・ザ・スクリーン／
ファイトオーバー・ザ・スルー／
ファイトオーバー・ザ・トップ

ファイブファイブズ
Five-fives

1人のプレイヤーが1試合で得点、リバウンド、アシスト、スティール、ブロックショットのすべてで5以上の成績を残すこと。

ファイブファウル
Five fouls

パーソナルファウル、テクニカルファウル、ディスクォリファイングファウル、アンスポーツマンライクファウルなど、個人ファウルの回数が規定に達し退場すること。
〈同〉ファウルアウト

ファイブメンアウト
Five-men out

5人のオフェンスプレイヤー全員をアウトサイドに配置したオフェンスのアライメント。

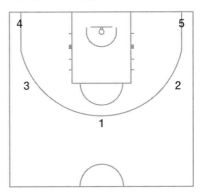

ファイヤーハウスバスケットボール
Firehouse basketball

ファストブレイクなどの速い展開の攻撃を中心にしたゲーム。
〈同〉アーリーゲーム、フローゲーム、ランニングゲーム

ファウル
Foul

規則に対する違反のうち、相手チームのプレイヤーとの間の不当な身体の触れ合いおよびスポーツマンらしくない行為。

ファウルアウト
Foulout

パーソナルファウル、テクニカルファウル、ディスクォリファイングフ

ァウル、アンスポーツマンライクファウルなど、個人ファウルの回数が規定に達し退場すること。
〈同〉ファイブファウル

> **参考**
> FIBAが制定するインターナショナルルールでは「5回」で退場。NBAは「6回」で退場。

ファウルゲーム
Foul game

ビハインドで試合終盤を迎えた際に、意図的にファウルを犯す戦術。

ファウルトラブル
Foul trouble

チームファウルや個人ファウルの回数により、ゲーム運びが困難になること。

ファウルライン
Foul line

フリースローラインを含む制限区域を形成する上辺と、その両端からサイドラインに対して垂直に伸ばした仮想線。

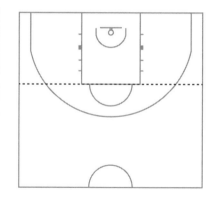

ファジィ
Fuzzy

ディフェンスプレイヤー1人がオフェンスプレイヤー2人の中間の曖昧なポジションをとること。

ファストブレイク
Fast-break

チームがボールを保持した瞬間、その地点から相手チームのプレイヤーが帰陣する前に、ボールを高確率なショットを放つことが可能なエリアへ進め、得点を追求する速い攻撃。
〈同〉一次速攻、速攻、プライマリーオフェンス、プライマリーブレイク
〈類〉ガン・アンド・ランオフェンス、ラン・アンド・ガンオフェンス

ファネルディフェンス
Funnel defense

ボールマンをミドルライン側に誘導

するディフェンス。
〈対〉ファンディフェンス

ファンダメンタル
Fundamental

基礎、基本。

ファンディフェンス
Fan defense

ボールマンをエンドライン側に誘導するディフェンス。
〈対〉ファネルディフェンス

ファンブル
Fumble

プレイヤーがボールを掴みそこねたり、掴んでいるボールを誤って手から落としてしまったりすること。

フィーダー
Feeder

すぐに攻撃できる状態の味方にパスを出すプレイヤー、あるいはそうした役目を担うプレイヤーのこと。

フィーディングローポスト
Feeding low post

ローポストに位置するオフボールマンにパスを出すこと。

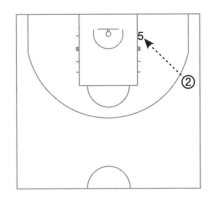

フィード
Feed

パスを与えるという意味。

フィールドゴール
Field goal

①フリースローを除いた、ライブの状態で放ったショットによる得点。ツーポイントショットとスリーポイントショットによる得点の総称。

②フリースローを除いた、ライブの状態で放ったショット。ツーポイントショットとスリーポイントショットの総称。

フィール・フォー・ザ・ゲーム
Feel for the game

審判が、ゲームの雰囲気を感じ取ること。

Vカット
V cut
プレイヤーの動く軌跡がV字型になるカットのこと。ある場所から目的の場所へ移動する時、いったんゴール方向に移動し、任意の一点で鋭く切り返して（V字）目的の場所へ行く動き。

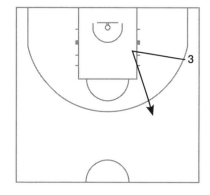

フィギュアエイト
Figure eight
オフェンスプレイヤーの動いた軌跡が8の字となるコンテュニュティーオフェンス。

フィリング
Filling
空いているスペースに移動して、そのスペースを埋めること。
〈同〉フィル

フィル
Fill
空いているスペースに移動して、そのスペースを埋めること。
〈同〉フィリング

フィンガーコンタクト
Finger contact
得点に関わったプレイヤー同士がお互いを指し合う行為。

フィンガーロール
Finger roll
ボールを放つ際に、手関節を掌屈または前腕を回内、回外させるレイアップショット。

フェイク
Fake
相手を惑わす見せかけの動作のこと。
〈同〉フェイント

フェイク・アンド・ゴー
Fake- and-go
相手チームのプレイヤーに対して、左右のどちらか一方に進むフェイクをした後に反対側へ進むプレイ。

フェイスアップ
Face up
顔を上げること。

〈同〉ヘッドアップ、ルックアップ

フェイスガード
Face guard

オフボールマンをマークするディフェンスプレイヤーが、ボールを見ないでマークマンに対して顔を向けてマークするディフェンスの方法。

フェイド
Fade

ディフェンスプレイヤーから離れる動きのこと。

フェイドアウェイ（フェイダウェイ）ショット
Fade-away shot

ゴールから遠ざかるようにのけぞり、後方にジャンプしながらボールを放つショット。

フェイント
Feint

相手を惑わす見せかけの動作のこと。
〈同〉フェイク

4（フォー）アウト・1（ワン）イン
Four out-one in

アウトサイドに4人のプレイヤー、インサイドに1人のプレイヤーを配置したオフェンスのアライメント。

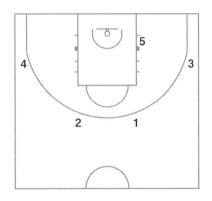

フォーコーナーオフェンス
Four corner offense

両コーナー、両コフィンコーナーに、それぞれ4人のプレイヤーが広くスペースを取り、また、ハーフコート中央に1人がポジションをとり、ディフェンスチームがボールマンにダブルチームをした場合に、ダブルチームを仕掛けたプレイヤーのマークマンがオープンになり、そこへパスを回すという、ボールをキープしやすいオフェンス戦術。

フォーポイントプレイ
Four-point play

ショットモーション中にディフェンスプレイヤーからファウルされながらもスリーポイントフィールドゴールエリアからのショットを決め、かつファウルによって与えられる1本のフリースローを決めて計4点を得るプレイ。
〈同〉4点プレイ

フォーメーションプレイ
Formation play

プレイヤーの配置や動きのパターンを決めて行うオフェンス。
〈同〉コントロールオフェンス、セットプレイ、ナンバープレイ、パターンオフェンス
〈対〉フリーオフェンス、フリーランスオフェンス

フォロー
Follow

スクリーンプレイに対するディフェンスにおいて、ユーザーをマークするディフェンスプレイヤーがユーザーの動いた軌跡を追いかけていくことでスクリーンを回避すること。
〈同〉タグ

フォローアップ
Follow up

オフェンスプレイヤーがゴールに向かうボール、もしくはボールマンを追いかけてリバウンドの体勢をとること。

フォロースルー
Follow-through

ショットやパスにおいて、ボールを放った後の上肢の姿勢。

フォワード
Forward

主にショットし、得点を狙う役割を担うポジション。通常、スモールフォワードとパワーフォワードとに分けられる。

フォワードステップ
Forward step

前進するステップ。
〈同〉アドバンスステップ。

ブザービーター
Buzzer beater

ピリオドやゲームが終了する時のブザーが鳴る間際に放たれ、成功したショット。

フックカット
Hook cut

プレイヤーの動く軌跡がかぎ型になるカット。ある場所から目的の場所へ移動する際に任意の場所で曲線を描くように切り返して（かぎ型）目的の場所へ向かう動き。

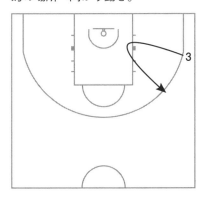

フックショット
Hook shot

身体をバスケットに対して横にし、バスケットから遠い方の片手でボールを持ちあげ、頭上を通過させて放つショット。

フックパス
Hook pass

ボールを身体の横から片手で持ちあげ、頭上を通過させて出すパス。

プッシュパス
Push pass

胸の高さからボールを押し出すパス。

プッシング
Pushing

相手チームのプレイヤーに対して手や身体で相手を無理に押しのけたり、押して動かそうとする不当な身体の触れ合いのこと。

フットアドバンテージ
Foot advantage

相手プレイヤーの足よりも自身の足を有利な位置に置くこと。

プットバック
Put back

リングやバックボードに当り跳ね返ったリバウンドボールが空中にある間に、ジャンプしてそのボールに触れてショットすること。

プットバックダンクショット
Put back dunk shot

リングやバックボードに当り跳ね返ったリバウンドボールが空中にある間に、ジャンプしてそのボールを掴んでバスケットに叩き込むダンクショット。
〈同〉ティップスラム

フットファイヤー
Foot fire

足を左右交互に細かく速く踏むステップ。
〈同〉スタッターステップ、ハーキー

フットフェイク
Foot fake

足の動きを用いたフェイク。

プライマリーオフェンス
Primary offense

チームがボールを保持した瞬間、その地点から相手チームのプレイヤーが帰陣する前に、ボールを高確率なショットを放つことが可能なエリアへ進め、得点を追求する速い攻撃。
〈同〉一次速攻、速攻、ファストブレイク、プライマリーブレイク
〈類〉ガン・アンド・ランオフェンス、ラン・アンド・ガンオフェンス

プライマリーブレイク
Primary break

チームがボールを保持した瞬間、その地点から相手チームのプレイヤーが帰陣する前に、ボールを高確率なショットを放つことが可能なエリアへ進め、得点を追求する速い攻撃。
〈同〉一次速攻、速攻、ファストブレイク、プライマリーオフェンス
〈類〉ガン・アンド・ランオフェンス、ラン・アンド・ガンオフェンス

フライングエルボー
Flying elbow

シューティングハンド側の肘がシューティングラインから横に飛び出した状態。

ブラインドサイド
Blind side

オフボールマンからみて自身のマークマンの両脇のうち、ボールマンと反対側のサイド。
〈対〉ボールサイド

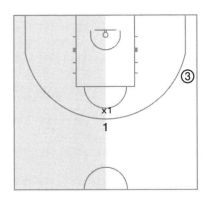

ブラインドサイドカット
Blind side cut

オフボールマンが、自身のマークマンの両脇のうち、ボールマンと反対側を通ってゴールに向かうカット。
〈同〉バックカット、バックドアカット
〈対〉スクエアカット、フロントカット、フロントドア、ボールサイドカット

フラグラントファウル
Flagrant foul

規則の精神を逸脱した触れ合いによるファウル。
〈同〉アンスポーツマンライクファウル

参考

ファウルをされたプレイヤーにフリースローが与えられ、フリースローが成功してもしなくても、フリースローシューター側のチームのスローインでゲームが再開される。ショットの動作中でないプレイヤーがファウルをされた時は2個のフリースローが与えられる。ショット動作中のプレイヤーがファウルをされ、そのショットが成功した時は得点が認められ、さらに1個のフリースローが与えられる。ショットの動作中のプレイヤーがファウルをされ、そのショットが不成功だった時は、ツーポイントエリアからのショットであれば2個のフリースロー、スリーポイントエリアからのショットであれば3個のフリースローが与えられる。

フラッシュ
Flash

オフボールマンが目的とするスペースに向かって瞬間的に飛び出すこと。

ブラッシュ
Brush

スクリーンプレイの際に、ユーザーがスクリーナーの肩に自分の肩を接触させるように動くこと。
〈同〉ショルダー・トゥ・ショルダー、ブラッシング

フラッシュアップ
Flash up

ボール運びの局面において、フロントコートのエンドライン側に位置するオフボールマンがバックコートのエンドライン側に向かってフラッシュすること。

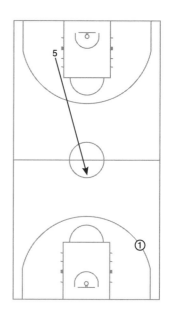

フラッシュカット
Flash cut

瞬間的に飛び出すカット。

フラッシュバック
Flash back

オフボールマンがある方向に移動している状態から、急に逆方向に向きを変えて瞬間的に飛び出すカット。

フラッシュポストカット
Flash post cut

オフボールマンがポストエリアにフラッシュするカット。
〈同〉ポストフラッシュ

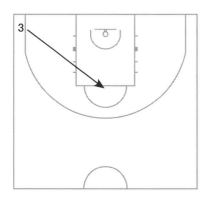

フラッシュムービング レシーブ
Flash moving receive

ポストエリアに位置するオフボールマンが、ゴールを背にしている状態からパスされたボールに対して瞬間的に飛び出し、身体を半転させながらボールをレシーブしてバスケットに正対するプレイ。

ブラッシング
Brushing

スクリーンプレイの際に、ユーザーがスクリーナーの肩に自分の肩を接触させるように動くこと。
〈同〉ショルダー・トゥ・ショルダー、ブラッシュ

フラットアングル
Flat angle

ヘルプサイドのオフボールマンをマークするディフェンスプレイヤーが、ボールと自身とを結んだライン、マークマンと自身とを結んだラインでできる角度を平たくするようにポジショニングすること。
〈同〉フラットトライアングル

フラットスクリーン
Flat screen

ユーザーをマークするディフェンスプレイヤーの背面と、スクリーナーの身体の正面を平行にしてセットするスクリーン。

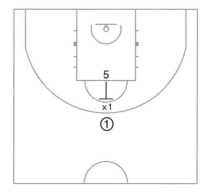

フラットトライアングル
Flat triangle

ヘルプサイドのオフボールマンをマークするディフェンスプレイヤーが、ボールとマークマンとを結んだライン、ボールと自身とを結んだライン、マークマンと自身とを結んだラインでできる三角形を平たくするように

ポジショニングすること。
〈同〉フラットアングル

ブラフ
Bluff

相手プレイヤーをだますこと。

フリー
Free

オフェンスプレイヤーがディフェンスプレイヤーにマークされていない状態。
〈同〉オープン、ノーマーク、フルオープン、ワイドオープン

フリーオフィシャル
Free official

スローインやフリースロー、ジャンプボールの時にボールを扱わない審判。
〈対〉アクティブオフィシャル

フリーオフェンス
Free offense

決められた配置や動きのパターンがなく、プレイヤー独自の判断で自由にプレイを展開するオフェンス。
〈同〉フリーランスオフェンス
〈対〉コントロールオフェンス、セットプレイ、ナンバープレイ、パターンオフェンス、フォーメーションプレイ

フリージング
Freezing

積極的に得点しようとしないで、時間の消費を目的とするオフェンス。
〈同〉ストールオフェンス、ストーリングオフェンス
〈類〉ディレイゲーム、ディレイドオフェンス、ボールコントロールオフェンス、リードプロテクション

フリーズアウト
Freeze out

味方プレイヤーから故意にボールを回してもらえない状況のこと。

フリーズフェイク
Freeze fake

ごくわずかな動きで行うフェイク。

フリースロー
Free throw

フリースローラインのセンターライン側に描かれている半円内からディフェンスプレイヤーに妨げられることなく放つことができるショット。成功すると1点が与えられる。

フリースローシューター
Free throw shooter

フリースローを行うプレイヤー。

フリースローライン
Free throw line

エンドラインから5.8mの距離にエンドラインと平行に引かれたフリースローを行う基準となるライン。

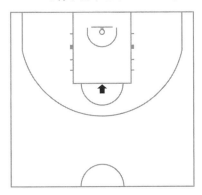

フリースローレーン
Free throw lane

フリースローラインを両側に0.65mずつ延長したラインと、エンドラインの中央から左右2.45mのラインと、その端点が結ばれ区画されたコートの長方形の部分。オフェンスプレイヤーはこの区域内に3秒を超えてとどまることはできない。
〈同〉ショートレンジ、セーフティゾーン、制限区域、ハウス、ペイントエリア、ペイントゾーン、ボックス、レーン

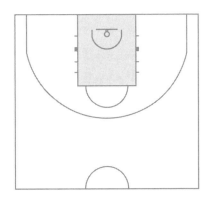

フリーハンド
Free hand

ボールを受けることができる状態の手のこと。

フリーフット
Free foot

ピボットフットと反対の足で、ピボットの際に自由に動かすことのできる足。ボールを保持した後のストライドストップの場合には、2歩目の足がこれにあたる。
〈同〉リードフット
〈対〉ピボットフット（軸足）

フリーランサー
Freelancer

自由に動きまわる役割を担ったプレイヤー。
〈同〉ローバー、ローマー

フリーランスオフェンス
Freelance offense

決められた配置や動きのパターンがなく、プレイヤー独自の判断で自由にプレイを展開するオフェンス。
〈同〉フリーオフェンス
〈対〉コントロールオフェンス、セットプレイ、ナンバープレイ、パターンオフェンス、フォーメーションプレイ

ブリック
Brick

フリースローを苦手とするプレイヤー。

プリンストンオフェンス
Princeton offense

ポストエリアに1人のポストマンを配置し、残りの4人はフリースローラインの延長線上よりもセンターライン側にポジションをとる4アウト1インのハイセットで始め、バックドアカットを多用するオフェンス戦術。プリンストン大学ヘッドコーチを務めたピート・キャリルが考案したプレイ。

ブルーカラーワーカー
Blue-collar worker

ゴール下でのリバウンドやスクリーンプレイにおけるスクリーナーなど、身体接触を伴うタフなプレイを率先して行うプレイヤー。
〈同〉ハードワーカー

プルアップジャンパー
Pull-up jumper

ドリブルで移動している状態から急激にストップし、素早く飛び上がりボールを放つジャンプショット。

フルオープン
Full open

オフェンスプレイヤーがディフェンスプレイヤーにマークされていない状態。
〈同〉オープン、ノーマーク、フリー、ワイドオープン

フルコート
Full court

バックコート（自陣）とフロントコート（相手陣内）を合わせたコート全体。
〈同〉オールコート

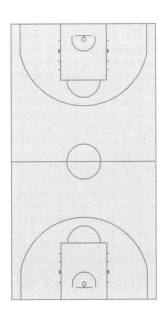

フルコートプレスディフェンス
Full court press defense

オールコートに渡って展開するプレスディフェンス。
〈同〉オールコートプレスディフェンス

フルコートマンツーマンディフェンス
Full court man-to-man defense

フルコートに渡って展開するマンツーマンディフェンス
〈同〉オールコートマンツーマンディフェンス

プルバックドリブル
Pull back dribble

ボールを後方に引くドリブル。

フルフロント
Full front

ポストに位置するオフボールマンをマークするディフェンスプレイヤーが、ボール方向側を正面としてオフボールマンの正面に位置してディフェンスする方法。
〈同〉フロンティング、フロントディフェンス
〈対〉バックディフェンス

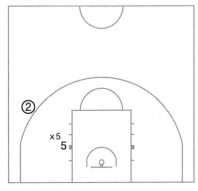

フレアカット
Flair cut

オフボールマンがある位置からコーナー方向へボールから離れて広がるカット。

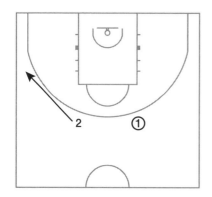

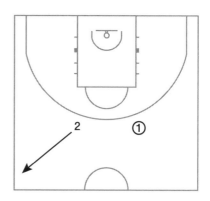

フレアスクリーン
Flair screen
スクリーナーがユーザーをある位置からコーナー方向へボールから離すようにセットするオフボールスクリーン。

フレアバック
Flair back
オフボールマンがある位置からコフィンコーナー方向へボールから離れて広がるカット。

ブレイク
Break
ディフェンスを打破すること。

ブレイクダウン
Breakdown
①分解練習。
②プレスディフェンスを攻略するオフェンス。
〈同〉プレスアタック、プレスダウン、プレスブレイク

プレイメーカー
Playmaker
ゲームを組み立てるプレイヤー。
〈同〉ゲームメーカー

プレイングタイム
Playing time
各プレイヤーの出場時間。

プレゲームカンファレンス
Pre-game conference

審判によるゲーム前の話し合い。

プレスアタック
Press attack

プレスディフェンスを攻略するオフェンス。
〈同〉ブレイクダウン、プレスダウン、プレスブレイク

プレスダウン
Press down

プレスディフェンスを攻略するオフェンス。
〈同〉ブレイクダウン、プレスアタック、プレスブレイク

プレスディフェンス
Press defense

オフェンス側のチームに対してプレッシャーを与えることを強調したディフェンス戦術。

プレスブレイク
Press break

プレスディフェンスを攻略するオフェンス。
〈同〉ブレイクダウン、プレスアタック、プレスダウン

フレックスオフェンス
Flex offense

フレックススクリーンを含み構成されるコンテュニュティーオフェンス。

フレックスカット
Flex cut

フレックススクリーンを使用したユーザーによるカット。

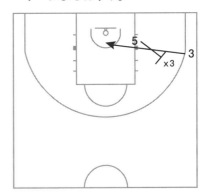

フレックススクリーン
Flex screen

ローポストに位置するオフボールマ

ンが、コーナー付近に位置するオフボールマンをマークするディフェンスプレイヤーにセットするスクリーン。

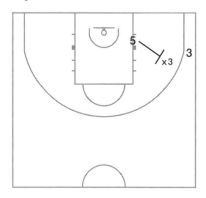

プレッシャーリリース
Pressure release

ディフェンスによるプレッシャーを回避すること。

プレッシャーリリースリング
Pressure release ring

内蔵されたバネによってダンクショットの衝撃を吸収することができるリング。

フローゲーム
Flow game

ファストブレイクなどの速い展開の攻撃を中心にしたゲーム。
〈同〉アーリーゲーム、ファイヤーハウスバスケットボール、ランニングゲーム

フローターショット
Floater shot

アーチを意識的に高くするようにボールを浮かすクローズアップショット。
〈同〉ティアードロップショット

フローティング
Floating

オフボールマンをマークするディフェンスプレイヤーが、自身のマークマンから離れ、ボール方向に寄ってヘルプポジションをとること。
〈同〉フロート

フローティングドリブル
Floating dribble

バウンドしてきたボールの力に逆らわないで、ボールを浮かすようにしてつくドリブル。

フローティングマンツーマンディフェンス
Floating man-to-man defense

インサイドへの攻撃を重点的に防ぐため、アウトサイドに位置するオフェンスプレイヤーをマークするディフェンスプレイヤーが、自身のマークマンから離れてゴール方向へ寄っ

たポジションをとるマンツーマンディフェンス。

フロート
Float

オフボールマンをマークするディフェンスプレイヤーが、自身のマークマンから離れ、ボール方向に寄ってヘルプポジションをとること。
〈同〉フローティング

フロアバランス
Floor balance

コート上で5人のプレイヤーが占めるポジションの距離的なバランス。
〈同〉コートバランス

プログレッシング・ウィズ・ザ・ボール
Progressing with the ball

ボールを掴んだプレイヤーが動作できる範囲。この範囲以上の動作を行うとトラベリングとなる。

ブロッキング
Blocking

相手チームのプレイヤーの進行を妨げる不当な身体の触れ合い。

ブロック
Block

①キーライン上にある長方形に塗りつぶしてある部分。
〈同〉ニュートラルゾーン、ビックブロック、ボックス、ローブロックエリア

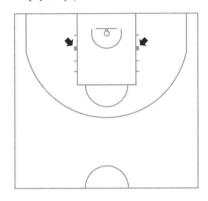

②オフェンスプレイヤーが、他のオフェンスプレイヤーをマークするディフェンスプレイヤーの進路に位置を占めて作る壁のこと。
〈同〉スクリーン
③ブロックショットの略称

ブロックアウト
Block out

相手プレイヤーを自分よりもリバウンドボールを獲得するのに有利なエリアに入れないように身体で壁をつくること。
〈同〉スクリーンアウト、ボックスアウト

ブロック・アンド・タック
Block and tuck

リバウンドボール獲得後に、ボールを相手チームのプレイヤーに取られないように肘を張って掴むこと。

ブロックショット
Block shot

相手プレイヤーがショットしようとしている、もしくはショットしたボールにディフェンスプレイヤーが触れること。
〈同〉ショットカット、ショットブロック、リジェクション

ブロック・トゥ・ブロックスクリーン
Block to block screen

片側のローポストに位置するオフボールマンが、反対側のローポストに位置するオフボールマンをマークするディフェンスプレイヤーにセットするスクリーン。
〈類〉クロスコートスクリーン、クロススクリーン、ポスト・トゥ・ポストスクリーン

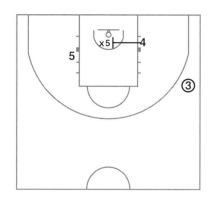

ブロックプレイ
Block play

オフェンスプレイヤーが、他のオフェンスプレイヤーをマークするディフェンスプレイヤーの進路に位置を占めることで、ディフェンスプレイヤーの動きを妨げるプレイ。
〈同〉スクリーンプレイ

フロッピング
Flopping

相手との偶然の触れ合いをおおげさに見せたり、相手に突き当たられたかのようにわざとらしく倒れたりして、相手のファウルに見せようとすること。
〈同〉アクティング

フロンティング
Fronting

ポストに位置するオフボールマンを

マークするディフェンスプレイヤーが、ボール方向側を正面としてオフボールマンの正面に位置してディフェンスする方法。
〈同〉フルフロント、フロントディフェンス
〈対〉バックディフェンス

フロントカット
Front cut

オフボールマンが、自身のマークマンとボールマンの間を通ってゴールに向かうカット。
〈同〉スクエアカット、フロントドア、ボールサイドカット
〈対〉バックカット、バックドアカット、ブラインドサイドカット

フロントコート
Front court

①相手チームのバスケットの後ろのエンドラインからセンターラインの近いほうの縁までのコートの部分をいい、相手チームのバスケットとそのバックボードの裏以外の部分を含む。
〈対〉バックコート
②比較的ゴール付近にポジションをとることが多い１人のセンターと２人のフォワードのこと。
〈同〉フロントライン
〈対〉バックコート

フロントスクリーン
Front screen

スクリーナーがゴールに近づくように動いてセットするオフボールスクリーン。
〈同〉ダウンスクリーン、ピンダウ

ンスクリーン
〈対〉アップスクリーン、バックスクリーン

フロントターン
Front turn

一方の足を身体の前方に踏み出して回転するターン。
〈対〉バックターン、リバースターン

フロントチェンジ
Front change

身体の正面で身体の中心をボールが交差するドリブルチェンジ。
〈同〉クロスオーバードリブル

フロントディフェンス
Front defense

ポストに位置するオフボールマンをマークするディフェンスプレイヤーが、ボール方向側を正面としてオフボールマンの正面に位置してディフェンスする方法。
〈同〉フルフロント、フロンティング
〈対〉バックディフェンス

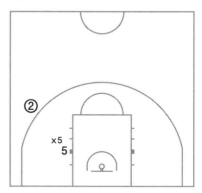

フロントドア
Front door

オフボールマンが、自身のマークマンとボールマンの間を通ってゴールに向かうカット。
〈同〉スクエアカット、フロントカット、ボールサイドカット
〈対〉バックカット、バックドアカット、ブラインドサイドカット

フロントピボット
Front pivot

身体の前方にフリーフットを踏み出すピボット。
〈対〉リバースピボット

フロントライン
Front line

①ゾーンディフェンスの隊形を組んだ際の前列のこと。
　〈対〉バックライン

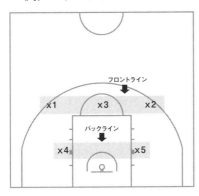

②比較的ゴール付近にポジションをとることが多い1人のセンターと2人のフォワードのこと。
　〈同〉フロントコート
　〈対〉バックコート

FIBA（フィーバ）
International Basketball federation

Fédération Internationale de Basketball（国際バスケットボール連盟）。バスケットボール競技の国際的な統括団体。

へ

ベースボールパス
Baseball pass

肩のあたりでボールを構えて片手で出すパス。
〈同〉ショルダーパス

ベースライン
Baseline

コートを区画する外周の4本のラインのうち、ゴール後方に引かれた短いほうの2本のライン。
〈同〉エンドライン

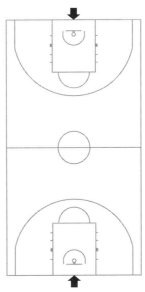

ベースラインドライブ
Baseline drive

ボールマンが自身のマークマンの両脇のうち、ベースライン側を抜いていくドライブ。

〈対〉ミドルドライブ、ミドルペネトレイション

ペイントエリア
Paint area

フリースローラインを両側に0.65mずつ延長したラインと、エンドラインの中央から左右2.45mのラインと、その端点が結ばれ区画されたコートの長方形の部分。色が塗られている場合が多いのでこう呼ばれる。オフェンスプレイヤーはこの区域内に3秒を超えてとどまることはできない。

〈同〉ショートレンジ、セーフティゾーン、制限区域、ハウス、フリースローレーン、ペイントゾーン、ボックス、レーン

ペイントゾーン
Paint zone

フリースローラインを両側に0.65mずつ延長したラインと、エンドラインの中央から左右2.45mのラインと、その端点が結ばれ区画されたコートの長方形の部分。色が塗られている場合が多いのでこう呼ばれる。オフェンスプレイヤーはこの区域内に3秒を超えてとどまることはできない。

〈同〉ショートレンジ、セーフティゾーン、制限区域、ハウス、フリースローレーン、ペイントエリア、ボックス、レーン

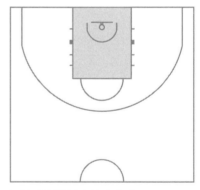

ペイントエリア／ペイントゾーン

ヘジテーション
Hesitation

①ディフェンスプレイヤーがオフェ

ンスプレイヤーを惑わせるために出たり、戻ったりすること。
② ドリブラーがスピードに緩急をつけることでディフェンスプレイヤーを抜こうとするプレイ。

ヘッドアップ
Head up

顔を上げること。
〈同〉フェイスアップ、ルックアップ

ヘッドコーチ
Head coach

ゲーム中、チームを統率、代表し、統括して指導・指揮する者。

ゼネラルマネジャー	
コーチ	ヘッドコーチ
	アシスタントコーチ

ヘッドハントスクリーン
Head hant screen

特定のプレイヤーをオープンにするためのオフボールスクリーン。

ペナルティシチュエーション
Penalty situation

チームファウルが規定の回数に達し、以後のファウルに対して相手チームにフリースローが与えられる状況。

ペネトレイション
Penetration

① オフェンスプレイヤーがドリブルによってディフェンスエリアに切り込み、ゴールに向かうプレイ。
〈同〉ドライブ、ドリブルカットイン、ペネトレイト
② ショット、ドリブル、パスによってボールがフリースローラインの延長上よりもバスケットの近くに向かった時、サイドラインに位置する審判もプレイに応じてエンドラインやバスケットに向かって踏み込んでそのプレイを見るようにすること。
〈同〉ペネトレイト

ペネトレイター
Penetrator

ドリブルによってディフェンスエリアに切り込み、ゴールに向かうプレイヤー。

ペネトレイト
Penetrate

① オフェンスプレイヤーがドリブルによってディフェンスエリアに切り込み、ゴールに向かうプレイ。
〈同〉ドライブ、ドリブルカットイン、ペネトレイション
② ショット、ドリブル、パスによっ

てボールがフリースローラインの延長上よりもバスケットの近くに向かった時、サイドラインに位置する審判もプレイに応じてエンドラインやバスケットに向かって踏み込んでそのプレイを見るようにすること。
〈同〉ペネトレイション

ベビーフックショット
Baby hook shot

身体の近くでボールを挙上し、手首のスナップで打つモーションの小さいフックショット。

ベリーアップ
Belly up

ドリブラーをマークするディフェンスプレイヤーが、ドリブルを終了したボールマンに密着してプレッシャーをかけるディフェンスの方法。
〈類〉スティック

ペリメーター
Perimeter

①ツーポイントエリア内で、ペイントエリアの外。
〈同〉ミドルレンジ
②オフェンスにおいて、主にアウトサイドでプレイするプレイヤー。
〈同〉アウトサイドプレイヤー、アウトサイドマン、ペリメータープレイヤー
〈対〉インサイドプレイヤー、ポストマン

ペリメーターシューター
Perimeter shooter

主にスリーポイントライン付近の、ゴールから離れたエリア辺りからショットを放つ、もしくは得意とするプレイヤー。
〈同〉アウトサイドシューター、シューター

ペリメータープレイヤー
Perimeter player

オフェンスにおいて、主にアウトサイドでプレイするプレイヤー。
〈同〉アウトサイドプレイヤー、アウトサイドマン、ペリメーター
〈対〉インサイドプレイヤー、ポストマン

ヘルドボール
Held ball

両チームの2人あるいはそれ以上のプレイヤーがボールに片手または両手をしっかりとかけて、どちらのプレイヤーも乱暴にしなければそのボールを独占することができない状態のこと。オルタネイティングポゼッ

ションルールに従ってゲームを再開する。

ヘルパー
Helper

ヘルプディフェンスを行うプレイヤー。

ヘルプアイポジション
Help I position

ウィークサイド側に位置するオフボールマンをマークする複数のディフェンスプレイヤーが、縦にIの字に並ぶポジション。

ヘルプ・アンド・リカバリー
Help and recovery

ヘルプディフェンスを行った後、速やかに自身のマークマンに戻り、ディフェンスを続けること。

ヘルプカット
Help cut

ボールマンがディフェンス側から厳しいプレッシャーを受けてパスできない状況にある時、オフボールマンがパスをレシーブできる位置に移動するカット。

ヘルプサイド
Help side

バスケットとバスケットを結ぶ仮想線（ミドルライン）でコートを縦に2分した2つエリアのうち、ボールがないほうのエリア。
〈同〉ウィークサイド、オフボールサイド
〈対〉ボールサイド、ストロングサイド

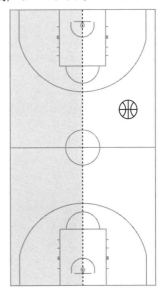

ヘルプサイドディフェンス
Help side defense

ヘルプサイドに位置するオフボールマンに対するディフェンス。

ヘルプサイドリカバリー
Help side recovery

ヘルプサイドに位置するオフェンスプレイヤーをマークするディフェンスプレイヤーがヘルプディフェンスを行った後、速やかに自身のマークマンに戻り、ディフェンスを続けること。

ヘルプディフェンス
Help defense

ディフェンスプレイヤーが、他のディフェンスプレイヤーのマークするオフェンスプレイヤーに対して行うディフェンス。
〈同〉カバーディフェンス、サポート

ヘルプハンド
Help hand

オフェンスプレイヤーがディフェンスプレイヤーに接近された状態でプレイする際に、ディフェンスプレイヤーの動きを押さえようとする手。ボールを扱う手と反対側の手となる。
〈同〉ピンハンド

ヘルプポジション
Help position

ヘルプディフェンスに行くことのできるポジション。

ベンチウォーマー
Bench warmer

ゲームに出場する機会が少なく、ベンチで待機していることが多いプレイヤー。

ベンチテクニカル
Bench technical

チームベンチパーソネルのテクニカルファウル。チームベンチパーソネルが、審判、コミッショナー、テーブルオフィシャルズ、相手チームに対して失礼な態度で接したり、失礼な態度で話しかけたり、触れたりすること。およびゲームの手続き上の規則、運営・管理に関する規則に違反すること、またはゲームの進行や運営に支障をもたらしたりすること。

> **参考**
> 上記のファウルが宣告された場合、相手チームに1個のフリースローが与えられ、フリースローが成功してもしなくても、フリースローシューター側のチームのスローインでゲームが再開

される。

コーチ自身のスポーツマンらしくないふるまいによるテクニカルファウルが2回記録された場合、コーチ以外のチームベンチパーソネルのスポーツマンらしくないふるまいによってコーチにテクニカルファウルが3回記録された場合、あるいはそれらのファウルとコーチ自身のテクニカルファウルとを合わせて3回のファウルが記録された場合にコーチは失格・退場となる。

ベンチデプス
Bench depth

スターティングメンバー以外の選手層のこと。

ベンチプレイヤー
Bench player

スターティングメンバー以外の控えプレイヤー。
〈同〉リザーブ
〈対〉スターティングファイブ、スターティングメンバー、スターティングラインアップ

ホ

ホークセット
Hawk set

NBAアトランタ・ホークスが採用したセットプレイで、サイズの大きいプレイヤーと小さいプレイヤーとによるスクリーンプレイが多く、ゴール近辺に広いスペースを確保することが特徴。

ボースハンズショット
Both hands shot

ボールを両方の手で放つショット。

ボースハンズリバウンド
Both hands rebound

両手でボールに触れるリバウンドボールの獲得方法。

ボーナススロー
Bonus throw

バスケットカウントの際に与えられる1投のフリースローのこと。

ホームゲーム
Home game

ホームタウンで開催されるゲーム。
〈対〉アウェイゲーム、ビジターゲーム

ホームコート
Home court

ホームタウンのコート。

ホームコートアドバンテージ
Home court advantage

ホームコートで開催されるゲームで、ホームチームの応援が多くなるなど、ホームチームが有利に立つこと。

ホームタウン
Hometown

チームが本拠地とする地域。

ホームチーム
Home team

ゲームを開催する地域を本拠地とするチーム。
〈対〉ビジターチーム

ボーラー
Baller

バスケットボールプレイヤーのこと。
〈同〉ケイジャー

ボールアラウンド
Ball around

ボールを保持し、身体の周りを回すようにボールを移動して行く方法。

ボールキープ
Ball-keep

ボールを保持すること。

ボールキャリー
Ball carry

ボールを運ぶこと。

ボールキャリアー
Ball carrier

ボールを運ぶ、もしくは運ぶ役割のプレイヤー。

ボールコントロールオフェンス
Ball control offense

ショットまでの時間を長くかけるオフェンス。
〈同〉ディレイゲーム、ディレイドオフェンス
〈類〉ストーリングオフェンス、ストールオフェンス、フリージング、リードプロテクション

ボールサイド
Ball side

①バスケットとバスケットを結ぶ仮想線（ミドルライン）でコートを縦に2分した2つエリアのうち、ボールがあるほうのエリア。
〈同〉ストロングサイド
〈対〉ウィークサイド、オフボー

ルサイド、ヘルプサイド

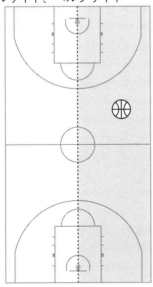

②オフボールマンからみて自身のマークマンの両脇のうち、ボールがある側のサイド
〈対〉ブラインドサイド

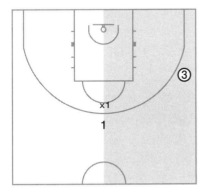

ボールサイドオーバープレイ
Ball side over play

オフボールマンをマークするディフェンスプレイヤーが、ボールマンとマークマンの間に身体を入れて位置すること。
〈同〉アップ・ザ・ライン、オン・ザ・ライン

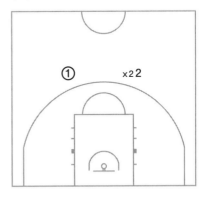

ボールサイドカット
Ball side cut

オフボールマンが、自身のマークマンとボールマンの間を通ってゴールに向かうカット。
〈同〉スクエアカット、フロントカット、フロントドア
〈対〉バックカット、バックドアカット、ブラインドサイドカット

ボールサイドブロック
Ball side block

ボールサイド側のキーライン上にある塗りつぶした部分。
〈対〉ウィークサイドブロック

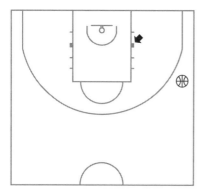

ボールスクリーン
Ball screen

オフェンスプレイヤーが、ボールマンをマークするディフェンスプレイヤーの進路に位置を占めて作る壁のこと。

〈同〉ピック

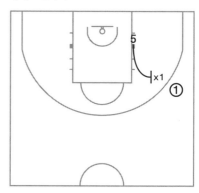

参考

よく聞かれる言葉に「オンボールスクリーン」があるが、これは「ボールスクリーン（ピック）」だけでなく、アウトサイドスクリーンも含まれる。「ボールスクリーン」はあくまでも上記の説明のとおり、ピックプレイに限られる。

ボールスクリーンモーションオフェンス
Ball screen motion offense

連続するボールスクリーンの中で得点のチャンスをつくり出そうとするオフェンス。

ホールディング
Holding

相手チームのプレイヤーを押さえて

行動の自由を妨げる不当な身体の触れ合い。

ボールハンドラー
Ball handler
ボールを保持し、プレイの選択権を持っているプレイヤー。

ボールハンドリング
Ball handling
手とボールの関係に着目したボールの扱い方。

ボールフェイク
Ball fake
ボールを動かすことによるフェイク。

ボールプッシュ
Ball push
①ボールマンがゴールに向かって速く移動するドリブルにおいて、ボールを前に突き出すこと。
②ボールをゴールに向かって進行させること。

ボールホーク
Ball hawk
ディフェンスプレイヤーがオフェンス側のパスしたボールに対して、鷹のように飛びついてスティールすること。

ボールボイス
Ball voice
ボールマンをマークするディフェンスプレイヤーが、他のディフェンスプレイヤーにボールの位置を知らせ、さらにボールマンに対してプレッシャーを与えることを目的として発する声。

ボールポゼッション
Ball possession
チームによるボールの所持。

ボールマン
Ball man
ボールを保持しているプレイヤー。
〈対〉オフボールマン

ボールミート
Ball meet
自身にパスされたボールに向かって動き、レシーブするプレイ。
〈同〉カウンター、パスミート、ミート・ザ・ボール

ボールライン
Ball line
ボールのある地点を通ってエンドラインと平行に引いた仮想線。
〈同〉ライン・オブ・ザ・ボール

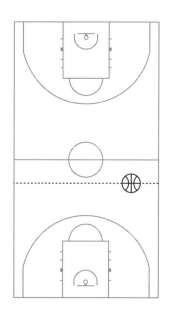

ボールリターン・オブ・ザ・バックコート
Ball return of the back court

フロントコートに進めたボールをバックコートに返すバイオレイション。〈同〉バックコートバイオレイション、バックパス

ホイッスルコントロールシステム
Whistle control system

特殊なコネクターを用いて審判の笛とゲームクロックを連動させ、審判が笛を鳴らした時に自動的にゲームクロックが止まるシステム。

ポインティング
Pointing

オフボールマンがボールをレシーブする局面において、レシーブしたい方向を指差してボールマンに合図を送ること。

ポイント
Point

①得点のこと。
②フリースローを行う半円のセンターライン寄りの地点。
　〈同〉オーバー・ザ・トップ、サークルヘッド、トップ・オブ・ザ・キー

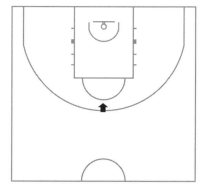

ポイントガード
Point guard

主にバックコートからフロントコートへのボール運びやフォーメーションの指示、パスの配給などコート上の司令塔となるポジション。略称はPG。

〈同〉1番ポジション、リードガード

ポイントガードエントリー
Point guard entry

ポイントガードのプレイからセットオフェンスを始めること。

ポイントゲッター
Point getter

チームで最も得点をとるプレイヤー。

ポイントプレイヤー
Point player

ミドルレーンに位置するプレイヤー。

ポイントマン
Point man

トップ・オブ・ザ・キー周辺のエリアに位置するプレイヤー。

ボクサーズスタンス
Boxers stance

ある目標物に対して身体を正対させた際に、左右の足を前後させて位置するスタンス。
〈同〉ストライドスタンス

ボクシングイン
Boxing in

①ツーパーソンレフェリーズシステムにおいて、10人のプレイヤーを常に自分と相手審判の2人の審判の視野の中に入れておくこと。

②スリーパーソンレフェリーズシステムにおいて、10人のプレイヤーを常に3人の審判のつくる大きな3角形の中に入れ、いずれかの審判の視野の中に入れておくこと。

ポケット
Pocket

ボールをキープできるエリア。例えば、センタージャンプにおいて2人以上の同じチームのプレイヤーが並んでポジションをとることでできる、ボールが落ちてきた際に相手チームのプレイヤーにボールを取られることのないエリア。

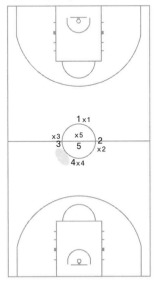

ポジション
Position

①プレイヤーの配置。
②プレイヤーの役割。
③プレイヤーの姿勢。

ポジションチェンジ
Position change

プレイヤーの配置を変えること。
〈同〉インターチェンジ

ポジション番号

各ポジションに割り当てられた番号。1番はポイントガード、2番はシューティングガード、3番はスモールフォワード、4番はパワーフォワード、5番はセンターを示す。

ポスティング
Posting

オフボールマンが、ポストエリアでゴールやディフェンスプレイヤーを背にして、パスを安全にレシーブできる位置と姿勢をとること。
〈同〉ポストアップ

ポストアップ
Post up

オフボールマンが、ポストエリアでゴールやディフェンスプレイヤーを背にして、パスを安全にレシーブできる位置と姿勢をとること。
〈同〉ポスティング

ポストエリア
Post area

制限区域およびその周辺のエリア。エンドライン側をローポスト、フリースローライン付近をハイポスト、その中間をミドルポストという。

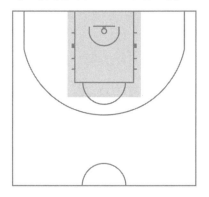

ポストエントリー
Post entry

ポストマンへのパスからセットオフェンスを始めること。

ポストゲームカンファレンス
Post game conference

審判によるゲーム後の話し合い。

ポストシーリング
Post sealing

ポストアップの際に、オフボールマ

ンが背面に位置するディフェンスプレイヤーにぴったりとくっつくこと。
〈同〉ポストシール
〈類〉シール

ポストシール
Post seal

ポストアップの際に、オフボールマンが背面に位置するディフェンスプレイヤーにぴったりとくっつくこと。
〈同〉ポストシーリング
〈類〉シール

ポストスクリーン
Post screen

ボールを保持したポストマンをスクリーナーとするスクリーンプレイ。

ポスト・トゥ・ポストスクリーン
Post to post screen

ポストエリアに位置する2人のオフェンスプレイヤーによって構成されるスクリーンプレイ。
〈類〉クロスコートスクリーン、クロススクリーン、ブロック・トゥ・ブロックスクリーン

ポストフィード
Post feed

ポストエリアに位置するプレイヤーへパスをすること。
〈同〉パスフィード、パスフィーディング・ザ・ポスト
〈類〉インサイドパス

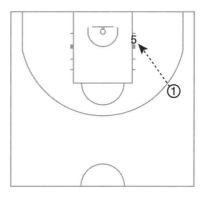

ポストフラッシュ
Post flash

オフボールマンによるポストエリアへのフラッシュ。
〈同〉フラッシュポストカット

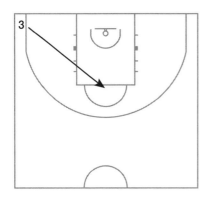

ポストプレイ
Post play

ポストエリアに位置するオフェンスプレイヤーによるオフェンス。

ポストポスト
Post post

ポストマンからポストマンへパスするプレイ。
〈類〉ハイ・アンド・ローポストプレイ

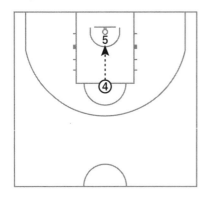

ポストマン
Post man

オフェンスにおいて主にポストエリアでプレイするプレイヤー。
〈同〉インサイドプレイヤー
〈対〉アウトサイドプレイヤー、アウトサイドマン、ペリメーター、ペリメータープレイヤー

ポストムーブ
Post move

ポストエリアに位置するオフェンスプレイヤーによる様々な動き。

ポゼッション
Possession

チームやプレイヤーがボールを保持している状態。

ポゼッションアロー
Possession arrow

ジャンプボールシチュエーションになった際に、スローインの権利を持つチームを示す矢印が表示された器具。

ボタンフックピボット
Button hook pivot

ポストエリアで自身よりもゴール側に位置する自身をマークするディフェンスプレイヤーと向かい合った状

態から、身体を半転させてディフェンスプレイヤーに背を向けてポストシールし、ボールに正対するプレイ。

ボックス
Box

①キーライン上にある長方形に塗りつぶしてある部分。
〈同〉ニュートラルゾーン、ビックブロック、ブロック、ローブロックエリア

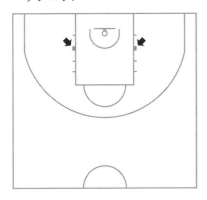

②フリースローラインを両側に0.65mずつ延長したラインと、エンドラインの中央から左右2.45mのラインと、その端点が結ばれ区画されたコートの長方形の部分。オフェンスプレイヤーはこの区域内に3秒を超えてとどまることはできない。
〈同〉ショートレンジ、セーフティゾーン、制限区域、ハウス、フリースローレーン、ペイントエリア、ペイントゾーン、レーン

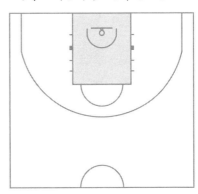

ボックスアウト
Box out

相手プレイヤーを自分よりもリバウンドボールを獲得するのに有利なエリアに入れないように身体で壁をつくること。
〈同〉スクリーンアウト、ブロックアウト

ボックス・アンド・ワン
Box and one

1人のディフェンスプレイヤーが1人のオフェンスプレイヤーをマンツーマンディフェンスでマークし、残る4人のディフェンスプレイヤーがエンドラインおよびサイドラインと平行な辺によって構成される四角形の隊形を組んでゾーンディフェンスを行うディフェンス戦術。

〈同〉ボックスワン

ボックススコア
Box score

チームや個人の成績をまとめたもの。
〈同〉スタッツ

ボックスセット
Box set

4人のオフボールマンが制限区域の角にポジションをとり、そこから攻撃を始めるパターン。

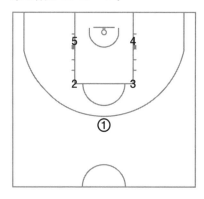

ボックスワン
Box one

1人のディフェンスプレイヤーが1人のオフェンスプレイヤーをマンツーマンディフェンスでマークし、残る4人のディフェンスプレイヤーがエンドラインおよびサイドラインと平行になる辺を形成する四角形の隊形でゾーンディフェンスを行うディフェンス戦術。
〈同〉ボックス・アンド・ワン

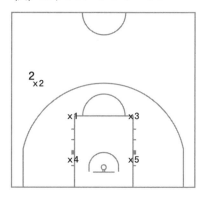

ボックス・アンド・ワン／ボックスワン

ポップ
Pop

瞬間的に飛び出すこと。

ポップアウト
Pop out

アウトサイドへ瞬間的に飛び出すこと。
〈同〉ポップアップ

ポップアップ
Pop up

アウトサイドへ瞬間的に飛び出すこと。
〈同〉ポップアウト

ポップバック
Pop back

身体の後方へ瞬間的に飛び出すこと。

ボディコントロール
Body control

身体を思うように動かすこと。

ボディチェック
Body check

①ディフェンスプレイヤーがオフボールマンの進路に位置を占め、身体でオフェンスプレイヤーにコンタクトして進行を止める、もしくは進行方向を変えさせること。
〈同〉バンプ
②オフボールマンをマークするディフェンスプレイヤーがマークマンの身体に触れながら動作を探ること。

ボディフェイク
Body fake

身体の動きを用いたフェイク。

ボディポジション
Body position

身体の位置。

ボディレバレージ
Body leverage

下肢の関節を曲げ、筋を緊張させ、素早く移動できる準備を整えた構えをとること。

ポンプフェイク
Pump fake

ショットフェイクの一種で、ボールマンがショットを放つようにボールや身体を上下に振ることでディフェンスプレイヤーにショットを放つと見せかけるフェイク。

マ

マーク
Mark

ディフェンスプレイヤーがオフェンスプレイヤーを守ること。

マークマン
Mark man

ディフェンスプレイヤーがマークしているオフェンスプレイヤーのこと。
〈同〉マッチアップマン

マイカンドリル
Mikan drill

ゴール下の片側サイドからフックショットを放ち、ゴールしたボールをフロアに落ちる前にキャッチし、反対側のサイドからフックショットを放つことを繰り返すゴール下のシューティングドリル。

マッチアップ
Match up

①ディフェンスプレイヤーとそのプレイヤーがマークするオフェンスプレイヤーとの組み合わせ。
②各ポジションにおける両チームのプレイヤー同士の組み合わせ。
③オフェンスの隊形やポジショニングに合わせて、ディフェンスの対応を変化させること。

マッチアップ ゾーンディフェンス
Match up zone defense

ボールマンに対して常に1人のディフェンスプレイヤーがマークできるように計画されたゾーンディフェンス。

マッチアップマン
Match up man

ディフェンスプレイヤーがマークしているオフェンスプレイヤーのこと。
〈同〉マークマン

マルティプルオフェンス
Multiple offense

様々なディフェンス戦術に対応可能なオフェンス戦術。
〈類〉オールパーパスオフェンス

マンツーマンディフェンス
Man-to-man defense

各ディフェンスプレイヤーがそれぞれ決められたオフェンスプレイヤーを1対1で守るディフェンス戦術。

マンツーマン プレスディフェンス
Man-to-man press defense

オフェンス側のチームに対してプレッシャーを与えることを強調したマンツーマンディフェンス。

ミ

ミートアウト
Meet out

オフボールマンが自身の位置よりもアウトサイドの位置へ出されたパスに向かって動き、ボールをレシーブするプレイ。

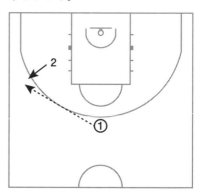

ミート・ザ・ボール
Meet the ball

自身にパスされたボールに向かって動き、レシーブするプレイ。
〈同〉カウンター、パスミート、ボールミート

ミスディレクション
Misdirection

オフェンス側のチームが意図する方向とは異なる方向にディフェンス側のチームを誘導すること。

ミスマッチ
Mismatch

あるオフェンスプレイヤーとそのマークマンとの間に、スピードや身長、パワーなどの要素において著しい差があること。

ミッドコート
Mid court

センターライン近辺のエリア。
〈同〉ミドルコート

ミドルエリア
Middle area

コートを縦に3等分した際の中央のエリア。
〈同〉ミドルレーン

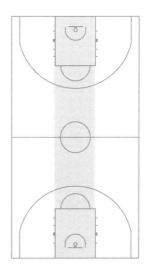

ミドルコート
Middle court

センターライン近辺のエリア。
〈同〉ミッドコート

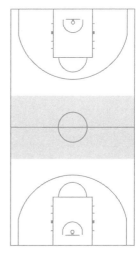

ミッドコート／ミドルコート

ミドルショット
Middle shot

ツーポイントエリア内でゴール下よりも外側から放たれる中距離ショット。

ミドルドライブ
Middle drive

ミドルライン方向へのドライブ。
〈同〉ミドルペネトレイション
〈対〉ベースラインドライブ

ミドルペネトレイション
Middle penetration

ミドルライン方向へのドライブ。
〈同〉ミドルドライブ
〈対〉ベースラインドライブ

ミドルドライブ／ミドルペネトレイション

ミドルポスト
Middle post

ハイポストとローポストの間のポストエリア。

ミドルマン
Middle man

ファストブレイクの際にミドルレーン上を移動するプレイヤー。

ミドルライン
Middle line

バスケットとバスケットを結ぶ仮想線。
〈同〉バスケットバスケットライン

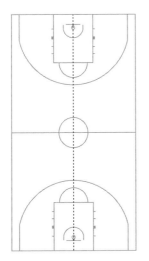

ミドルレーン
Middle lane

コートを縦に3等分した際の中央のレーン。
〈同〉ミドルエリア

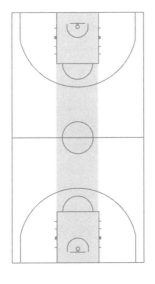

ミドルレンジ
Middle range

ツーポイントエリア内で、ペイントエリアの外。
〈同〉ペリメーター

ミニバスケットボール
Mini basketball

国内では12歳以下の小学生により行われる競技。2m60cmの高さに設置されたリングで競技を行うことが大きな特徴。

ミラー
Mirror

ボールマンがボールを掴んでいる状況において、ボールマンをマークするディフェンスプレイヤーがボールの動きに合わせてボールに手をかざして動かすこと。
〈同〉トレース

ム

ムービングスクリーン
Moving screen

スクリーナーが静止せずに動いている状態で、ユーザーをマークするディフェンスプレイヤーにスクリーンをかけること。パーソナルファウルとなる。

ムービングレシーブ
Moving receive

ボールミートするステップで、そのままドライブするボールのレシーブ方法。

メ

メンタルトレーニング
Mental training

プレイヤーや指導者が競技力向上のために必要な心理的スキルを獲得し、実際に活用できるようになることを目的とする心理学やスポーツ心理学の理論と技法に基づく計画的で教育的活動。

メンバーチェンジ
Member change

プレイヤーの交代。
〈同〉サブスティテューション

モ

モーションオフェンス
Motion offense

一定の約束ごとに基づく、プレイヤーの動き（スクリーンやカット）を強調したオフェンス。セットプレイよりもプレイ選択の自由度が高く、個人の状況判断に任されているケースが多い。特に、パスを主体に構成されるものをパッシングゲーム、スクリーンを主体に構成されるものをスクリーニングゲームと称する場合がある。

ユ

ユーザー
User

スクリーンを使うプレイヤー。

ユーティリティプレイヤー
Utility player

インサイドもアウトサイドも全てのポジションをこなせる万能プレイヤー。
〈同〉オールラウンダー、オールラウンドプレイヤー

ユーロステップ
Euro step

ランニングショットにおいてボール保持後の1歩目の足で反対側の足の方向（1歩目が右足であれば、右足で左方向）に蹴り出し、2歩目の足でも切り返して逆方向（2歩目が左足であれば、左足で右方向）に蹴り出すステップ。

UCLAカット
UCLA cut

トップ・オブ・ザ・キーに位置するオフボールマンが、ハイポストに位置するスクリーナーを利用してゴール方向にカットするオフボールスクリーン。UCLAのヘッドコーチを務めたジョン・ウッデンが考案したプレイ。

ヨ

45度
①リングの中央の真下を通るエンドラインと平行の仮想線に対して、リングの中央の真下を中心にトップ・オブ・ザ・キー方向に45度の角度の位置。

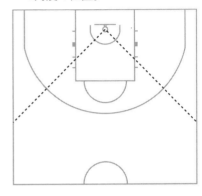

②ハーフコートにおいてフリースローラインの仮想延長線と3ポイントラインが交わるあたりのエリア。または、そのエリアでプレイするオフェンスプレイヤー。
〈同〉ウィング

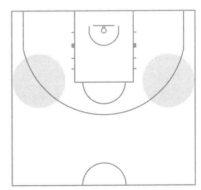

4点プレイ

ショットモーション中にディフェンスプレイヤーからファウルされながらもスリーポイントフィールドゴールエリアからのショットを決め、かつファウルによって与えられる1本のフリースローを決めて計4点を得るプレイ。
〈同〉フォーポイントプレイ

4番ポジション

主にゴール下での得点を主な役割とし、リバウンドなどパワフルなプレイが求められるポジション。略称はPF。
〈同〉パワーフォワード

ラ

ライブ
Live

原則として、ボールがバスケットに入った場合、得点が認められる状態（フリースローも含む）のこと（スローインしたボールが直接バスケットに入った場合は得点が認められないが、スローインの際に審判からプレイヤーにボールが渡された時からライブとなる）。

ライン・オブ・ザ・ボール
Line of the ball

ボールのある地点を通ってエンドラインと平行に引いた仮想線。
〈同〉ボールライン

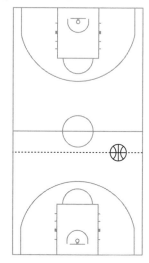

ラインクロス
Line cross

ボールマンがエンドラインおよびサイドラインを踏んだり、踏み越えたりすること。

ラストセカンドショット
Last-second shot

各ピリオドや各延長時限の競技時間の終わり間際のショット。

ラストセカンドプレイ
Last-second play

各ピリオドや各延長時限の競技時間の終わり間際のプレイ。

ラップ
Wrap

両手両足を使ってオフェンスプレイヤーを包み込むようにディフェンスする方法。

ラテラルスクリーン
Lateral screen

スクリーナーがエンドラインと平行に動いてセットするスクリーン。
〈対〉バーティカルスクリーン

ラテラルパス
Lateral pass

身体の向きを変えずに身体の側方へ出すパス。

ラテラルムービングレシーブ
Lateral moving receive

オフボールマンが身体の側方へ移動しながらボールをレシーブすること。

ラン・アンド・ガンオフェンス
Run and gun offence

ファストブレイクを主体とするオフェンスのスタイル。
〈同〉ガン・アンド・ランオフェンス
〈類〉一次速攻、速攻、ファストブレイク、プライマリーオフェンス、プライマリーブレイク

ラン・アンド・サプライズ
Run and surprise

オフボールマンをマークしているディフェンスプレイヤーがマークマンから離れて勢いよくドリブラーに向かい、ドリブルを止めたり、ドリブラーを驚かせてミスを誘発させることを目的としたプレイ。この動きに伴ってディフェンスプレイヤーのローテーションが行われる。
〈同〉ラン・アンド・ジャンプ

ラン・アンド・ジャンプ
Run and jump

オフボールマンをマークしているディフェンスプレイヤーがマークマンから離れて勢いよくドリブラーに向

かい、ドリブルを止めたり、ドリブラーを驚かせてミスを誘発させることを目的としたプレイ。この動きに伴ってディフェンスプレイヤーのローテーションが行われる。
〈同〉ラン・アンド・サプライズ

ランニングゲーム
Running game

ファストブレイクなどの速い展開の攻撃を中心にしたゲーム。
〈同〉アーリーゲーム、ファイヤーハウスバスケットボール、フローゲーム

ランニングショット
Running shot

完全にストップすることなく、走り込んだ勢いを利用し、ステップを踏んで打つショット。
〈対〉セットショット

ランニングスコア
Running score

それまでの成功したフィールドゴールとフリースローを記録した得点の合計。

ランニングパス
Running pass

走りながら行うパス。

ランニングプレイ
Running play

走りながら行うプレイ。

リ

リーガルガーディングポジション
Legal guarding position

正当な防御の位置。防御側プレイヤーが相手チームのプレイヤーに向かい合い、両足を普通に広げてフロアにつけた時、その防御側プレイヤーは正当な防御の位置を占めたことになる。

リーガルスクリーン
Legel screen

規則で認められているスクリーン。
〈対〉イリーガルスクリーン

リーチバックショット
Reach back shot

ゴール下において、バスケットを背中越しにエンドラインから遠い方の手でボールを放つレイアップショット。

リーディングスコアラー
Leading scorer

ゲーム中、チームで最も得点をとっ

た、もしくはとっているプレイヤー。

リーディングフット
Leading foot
あらゆる姿勢において、左右の足のどちらかが前に出ている場合、前に出ている方の足を指す。

リード・アンド・リアクトオフェンス
Lead and react offense
リアクターがボールマンの動きを読み、反応するオフェンス。

リードオフィシャル
Lead official
エンドラインに位置する審判。

リードガード
Lead guard
主にボール運びやフォーメーションの指示、パスの配給などコート上の司令塔となるポジション。
〈同〉1番ポジション、ポイントガード

リードパス
Lead pass
レシーバーの動きを促すようなパス。

リードフット
Lead foot
ピボットフットと反対の足で、ピボットの際に自由に動かすことのできる足。ボールを保持した後のストライドストップの場合には、2歩目の足がこれにあたる。
〈同〉フリーフット
〈対〉ピボットフット（軸足）

リードプロテクション
Lead protection
ゲーム終了までリードを維持し、勝利に導くための作戦のこと。おもにゲームの終了間際に行われる。
〈類〉ストーリングオフェンス、ストールオフェンス、ディレイゲーム、ディレイドオフェンス、フリージング、ボールコントロールオフェンス

リードマン
Lead man
ファストブレイクの局面において、攻撃方向へ先頭を切って走るプレイヤー。
〈同〉レーンランナー

リアキャッチ
Rear catch
身体の後ろでのキャッチ。
〈同〉バックキャッチ

リアクター
Reacter

リード・アンド・リアクトオフェンスにおけるオフボールマンの4人。

リアターン
Rear turn

一方の足を後方に引いて回転するターン。
〈同〉バックターン、リバースターン
〈対〉フロントターン

リカバリー
Recovery

①ヘルプディフェンスなどにより自身のマークマンから離れたディフェンスプレイヤーが、速やかに自身のマークマンに戻り、ディフェンスを続けること。
②プレスディフェンスの際に自身の位置よりもバックコートのエンドライン側にあるボールラインまで下がること。

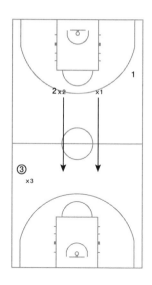

リザーブ
Reserve

スターティングメンバー以外の控えプレイヤー。
〈同〉ベンチプレイヤー
〈対〉スターティングファイブ、スターティングメンバー、スターティングラインアップ

リシール
Reseal

ポストシールをしてボールをレシーブしたプレイヤーが、アウトサイドにパスを出した後、再びポストシールを行うこと。
〈同〉リポスト

リジェクション
Rejection
相手プレイヤーがショットしようとしている、もしくはショットしたボールにディフェンスプレイヤーが触れること。
〈同〉ショットカット、ショットブロック、ブロックショット

リスクリーン
Rescreen
スクリーナーがスクリーンプレイ後に、再び同じプレイヤーをマークするディフェンスプレイヤーに対してスクリーンをセットして行われるスクリーンプレイ。

リストコック
List cock
ワンハンドショットにおいて、ボールを保持した際にシューティングハンドとなる方の手の手関節を背屈し、掌を前方に向けること。

リターンパス
Return pass
あるプレイヤーからパスを受けたレシーバーが、レシーブ後、同じプレイヤーにパスを返すこと。

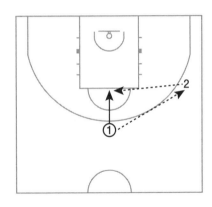

リップ
Rip
ボールマンが、身体の片側で保持したボールを反対側へ振って移動させる動き。
〈同〉スイープ、スワイプ、スイング、ワイプ

リトリートステップ
Retreat step
後退するステップ。

リトリートドリブル
Retreat dribble
ディフェンスプレイヤーから離れるようにして後ろに下がるドリブル。
〈同〉バックアップドリブル

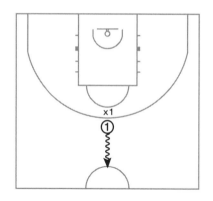

リバースカット
Reverse cut
ある進行方向から逆方向に切り返すカット。

リバースターン
Reverse turn
一方の足を後方に引いて回転するターン。
〈同〉バックターン、リアターン
〈対〉フロントターン

リバースダンクショット
Reverse dunk shot
バスケットを背にして行うダンクショット。
〈同〉バックダンクショット

リバースドリブル
Reverse dribble
ドリブルを突いている手の側の足を後方に引いて、バックターンをしながら行うドリブルチェンジ。
〈同〉バックターンドリブル

リバースピボット
Reverse pivot
後方にフリーフットを引いて回転するピボット。
〈対〉フロントピボット

リバースムーブ
Reverse move
逆方向に切り返す動き。

リバースレイアップ
Reverse lay-up
ゴール下でバスケットを背中越しにボールを放つレイアップショット。
〈同〉バックショット

リバウンダー
Rebounder
リバウンドを行うプレイヤー。

リバウンド
Rebound
①ショットが成功せず、ボールがリングやバックボードに当たって跳ね返ること。
②ショットが成功せず、リングやバックボードに当たって跳ね返った

ボールを獲得するプレイ。

リバウンドショット
Rebound shot

ショットが成功せず、リングやバックボードに当たって跳ね返ったボールをゴール近辺で獲得し、間髪入れずに放つショット。

リバウンドトライアングル
Rebound triangle

ショットが放たれた際に、バスケットの両側に2人、正面に1人のディフェンスプレイヤーが位置を占め、三角形の隊形を形成すること。三角形の内側にオフェンスプレイヤーを入れさせないことで、リバウンドボールを獲得するための有利な状態をつくることができる。
〈同〉ディフェンシングトライアングル

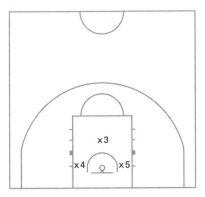

リバウンドバランス
Rebound balance

リバウンドボールを効率的に獲得するためにコート上でプレイヤーが占めるポジションの距離的なバランス。

リバウンドボール
Rebound ball

ショットされたが、ゴールインしなかったボール。

リピック
Repick

一度ピックプレイを行った直後に、再び同じスクリーナーとユーザーとで行うピックプレイ。

リプレイス
Replace

元いた位置に戻ること。

リプレイスメントポスト
Replacement post

ポストエリアに位置するボールマンが、ボールをパスした後にパスした方向とは反対、もしくは異なる方向へ移動するように見せかけ、元のポストエリアのポジションに戻ること。

リポスト
Repost

ポストアップをしてボールをレシーブしたプレイヤーが、アウトサイドにパスを出した後、再びポストアップを行うこと。
〈同〉リシール

リム
Rim

バスケットボール競技のリングを示す俗語。
〈同〉フープ

リムプロテクター
Rim protector

ゴール下でのディフェンスに秀でているプレイヤー。

リリース
Release

パスやショットなどでボールを放つこと。

リリースパス
Release pass

インサイドに位置するボールマンからアウトサイドに位置するオフボールマンに出すパス。
〈同〉インサイドアウト、パスアウト

リリースポイント
Release point

ショットの打点。

リロケイト
Relocate

パッサーがパス後に位置を移動すること。

ル

ルーキー
Rookie

新人選手のこと。

ルーズディフェンス
Loose defense

ディフェンスプレイヤーがオフェンスプレイヤーと一定の距離を空けてディフェンスする方法。
〈対〉タイトディフェンス

ルーズボール
Loose ball

ライブの状態で、どちらのチームもチームコントロールをしていないボール。
〈同〉ニュートラルボール

ルーズボールファウル
Loose ball foul

ライブの状態で、どちらのチームもボールをチームコントロールしていない状況において起きたファウル。

ループ
Loop

ボールの軌道が描く円弧。
〈同〉アーチ

ループパス
Loop pass

ボールの軌跡が円弧を描くパス。

ルックアップ
Look up

顔を上げて前方を見ること。
〈同〉フェイスアップ、ヘッドアップ

レ

レーン
Lane

フリースローラインを両側に0.65mずつ延長したラインと、エンドラインの中央から左右2.45mのラインと、その端点が結ばれ区画されたコートの長方形の部分。オフェンスプレイヤーはこの区域内に3秒を超えてとどまることはできない。
〈同〉ショートレンジ、セーフティゾーン、制限区域、ハウス、フリースローレーン、ペイントエリア、ペイントゾーン、ボックス

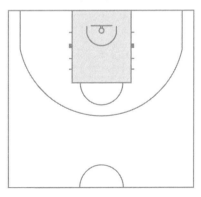

レーンランナー
Lane runner

ファストブレイクの局面において攻撃方向へ先頭を切って走るプレイヤー。
〈同〉リードマン

レイアップショット
Lay-up shot

ゴール近辺において前腕回外位の状態でボールの底面を保持し、前腕を大きく回内することなく放たれるランニングショット。
〈同〉アンダーハンドレイアップショット
〈類〉オーディナリーレイアップショット

レイバックショット
Lay-back shot

ゴール下において、バスケットを背中越しにエンドラインに近い方の手でボールを放つレイアップショット。

レギュラーオフェンシブプレイ
Regular offensive play

チームが基本とする、または多用するオフェンス戦術。

レギュラータイムアウト
Regular timeout

通常のタイムアウト。

レシーバー
Receiver

パスを受けるプレイヤー。

レシービングフット
Receiving foot

ボールをレシーブして最初にフロアに接地する足のこと。もらい足とも呼ばれる。

レシーブ
Receive

ボールをキャッチすること。

レッグスルー
Leg through

ボールが両足の間を通るドリブルチェンジ。
〈同〉スルー・ザ・レッグ

レディーポジション
Ready position

素早く動き出すことのできる姿勢。

レフェリー
Referee

主審。

レフェリータイム
Referee time

試合中、審判が自身の判断のうえで必要に応じて取るタイムアウト。

レポーティングオフィシャル
Reporting official

スコアラーにファウルの種類やプレイヤーの番号を伝達する審判。
〈同〉コーリングオフィシャル

レポーティングスポット
Reporting spot

プレイヤーに邪魔されずにスコアラーから見通せる位置で、オフィシャルズテーブルから6〜8mの距離のところ。

レポート
Report

レポーティングオフィシャルが、ファウルの詳細をテーブルオフィシャルズに伝えること。

ロ

ローサイド
Low-side

コート上のある地点を境にした時の、ゴールに近い側のエリア。
〈同〉インサイド

〈対〉アウトサイド、ハイサイド

ロースコア
Low score

ゲームにおいて両チームの得点が少ないこと。
〈対〉ハイスコア

ローゾーン
Low zone

フロントラインと比較して、バックラインに多くのディフェンスプレイヤーを配置させる隊形をとるゾーンディフェンス。
〈対〉ハイゾーン

ローテーション
Rotation

①味方プレイヤーの移動に伴って他のプレイヤーが位置を循環して移動すること。

②ツーパーソンレフェリーズシステムにおいて、ボールがライブの時、ボールの移動に応じて、リードオフィシャルが反対側のコートでトレイルオフィシャルに、トレイルオフィシャルが反対側のコートでリードオフィシャルになってその位置関係を交換すること。

③スリーパーソンレフェリーズシステムにおいて、ボールがライブの

時、コート内でのボールの位置やボールの移動に応じて、リードオフィシャルが、コートのどちらのサイドライン側でも、その位置をボールサイド側に変えること。

ローバー
Rover

自由に動きまわる役割を担ったプレイヤー。
〈同〉フリーランサー、ローマー

ローブロックエリア
Low block area

キーライン上にある長方形に塗りつぶしてある部分。
〈同〉ニュートラルゾーン、ビックブロック、ブロック、ボックス

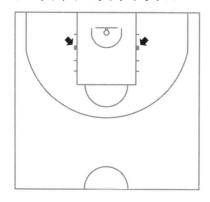

ローポスト
Low post

エンドライン側の制限区域およびその周辺のエリア。
〈同〉ディープポスト

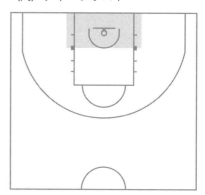

ローマー
Roamer

自由に動きまわる役割を担ったプレイヤー。
〈同〉フリーランサー、ローバー

ローリングオフェンス
Rolling offense

ドリブルスクリーンを連続して行うオフェンス戦術。
〈同〉ドリブルウィーブ

ロールオフ
Roll off

スクリーンプレイにおいて、ユーザーがスクリーンを使用した後に、スクリーナーがバスケットに近い方の足を軸にしてロールターンをし、ゴール方向に向かうプレイ。

〈類〉 インサイドロール

ロールターン
Roll turn

相手プレイヤーを背中で巻き込むようにバックターンすること。

> **参考**
> よく使われる『ピック・アンド・ロール』の『ロール』は、この『ロールターン』意味する。

ロール・トゥ・ボール
Roll to ball

オフボールスクリーンにおいてユーザーがスクリーンを使用した後に、スクリーナーがロールターンをし、ボール方向に向かうプレイ。

ロールプレイヤー
Role player

特定のプレイが得意なスペシャリスト。

ロスター
Roster

登録プレイヤーの名簿。

ロッカーステップ
Rocker step

ロッカーモーションを行う際に用いられる前後に踏むステップ。

ロッカーモーション
Rocker motion

オフェンスプレイヤーによる前後方向へのフェイク。

ロッキング
Locking

ポストエリアに位置するオフボールマンが、ディフェンスプレイヤーにフルフロントでディフェンスされた際に、前腕と脚部をディフェンスプレイヤーの背部に当てて動けないようにしてディフェンスプレイヤーの頭越しにロブパスをレシーブしようとするプレイ。

ロックイン
Lock-in

ボールマンがディフェンスプレイヤーにスティールされないように肘を張り、あごの下あたりでボールを保持すること。

〈同〉 チンニング

ロブパス
Lob pass

ボールを浮かせるように投げるパス。

ロングショット
Long shot

スリーポイントフィールドゴールエリアからのショット。

ロングポスト
Long post

ポストマンのポジションにおけるトップ・オブ・ザ・キー周辺のエリア

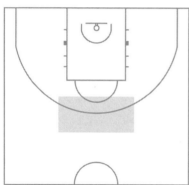

ロングリバウンド
Long rebound

リバウンドボールが通常よりも長い距離を跳ね返ること。

ロングレンジ
Long range

コートのツーポイントフィールドゴールエリアを除いた部分をいう。
〈同〉スリーポイントフィールドゴールエリア

ワ

ワイドオープン
Wide open

オフェンスプレイヤーがディフェンスプレイヤーにマークされていない状態。
〈同〉オープン、ノーマーク、フリー、フルオープン

ワイドスタック
Wide stack

ダブルスタックにおいて、2つのスタック間の距離が大きく離れた状態。両ウィングのスリーポイントライン上にスタックを形成するものがよく用いられる。

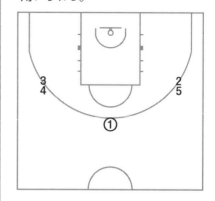

ワイプ
Wipe

ボールマンが、身体の片側で保持したボールを反対側へ振って移動させる動き。
〈同〉スイープ、スイング、スワイプ、リップ

ワンアーム
One arm

ディフェンスプレイヤーが手を伸ばした際にオフェンスプレイヤーに触れることができる距離。

1 on 1（ワン・オン・ワン）

1対1のこと。

ワンガードフロント
One guard front

ゾーンディフェンスに対してワンガードポジションにオフェンスプレイヤーを配置すること。

ワンガードポジション
One guard position

トップ・オブ・ザ・キー近辺に1人のオフェンスプレイヤーを配置させるポジション。

ワンカウントストップ
One count stop

移動している状態からジャンプし、両足を同時に着地させるストップ。
〈同〉ジャンプストップ

ワンサイドゲーム
One-sided game

一方のチームが終始他方のチームを圧倒して勝つゲーム。

1-3-1（ワンスリーワン）ゾーンディフェンス
One-three-one zone defense

フロントラインから1人、3人、1人と配置する隊形をとるゾーンディフェンス。

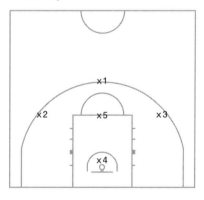

1-2-2（ワンツーツー）ゾーンディフェンス
One-two-two zone defense

フロントラインから1人、2人、2人と配置する隊形をとるゾーンディフェンス。

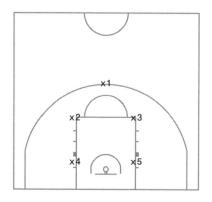

ワンツーパンチ
One-two panch

同じチームの優秀な2人のプレイヤーが効果的に得点をとっている状況。

ワンパスアウェイ
One pass away

ボールマンの隣の通常1回のパスで通せるほど距離が近いポジション。

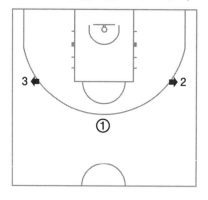

ワンハンドショット
One hand shot

ボールを片方の手で放つショット。

ワンハンドパス
One-hand pass

片手でボールを放つパス。

ワンハンドリバウンド
One-hand rebound

片手でリバウンドボールに触れるリバウンドボールの獲得方法。

ワンポゼッションゲーム
One-possession game

1回の攻撃権で入る点差のゲーム状況。接戦。

ワンマン速攻

①ボールラインより前にオフェンスプレイヤーが1人もいない状況で、ボールマンがショットまで持ち込むファストブレイク。
〈同〉ワンマンダッシュ

②ファストブレイクにおいて、1人だけゴール方向に大きくリードして走っているプレイヤーが、ボールをレシーブしてショットまで持ちこむこと。
〈同〉ワンマンダッシュ

ワンマンダッシュ
One-man dash

①ボールラインより前にオフェンスプレイヤーが1人もいない状況で、ボールマンがショットまで持ち込むファストブレイク。
〈同〉ワンマン速攻

②ファストブレイクにおいて、1人だけゴール方向に大きくリードして走っているプレイヤーが、ボールをレシーブしてショットまで持ちこむこと。
〈同〉ワンマン速攻

1-1-3（ワンワンスリー）ゾーンディフェンス
One-one-three zone defense

フロントラインから1人、1人、3人と配置する隊形をとるゾーンディフェンス。

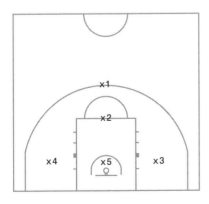

参考文献

書籍

- 日本バスケットボール協会審判委員会編（2015）『2015〜バスケットボール競技規則』日本バスケットボール協会
- 日本バスケットボール協会審判委員会編（2014）『2013オフィシャルズ・マニュアル第2版』日本バスケットボール協会
- 日本バスケットボール協会編（2014）『バスケットボール指導教本改訂版 [上巻]』大修館書店
- 佐々木三男（2014）『DVDブックこれで完璧！バスケットボール』ベースボール・マガジン社
- 全米バスケットボールコーチ協会編：佐良土茂樹訳（2013）『NBAバスケットボールコーチングプレイブック』スタジオタッククリエイティブ
- 伊藤恒監修（2013）『わかりやすいバスケットボールのルール』成美堂出版
- ベースボール・マガジン社編（2013）『ジュニアバスケットボールマガジン vol.2』ベースボール・マガジン社
- アダム・フィリッピー：佐良土茂樹訳（2012）『バスケットボールシュート大全』スタジオタッククリエイティブ
- マイク・シャシェフスキー：佐良土茂樹訳（2011）『コーチKのバスケットボール勝利哲学』イースト・プレス
- 坂口裕昭監修（2010）『できる！スポーツテクニック⑥バスケットボール』ポプラ社
- トーステン・ロイブル：伊豆倉明子訳（2010）『EUROBASKETBALL2バスケットボール個人スキル上達法＆トレーニング』スキージャーナル
- 内山治樹（2009）『バスケットボールの競技特性に関する一考察：運動形態に着目した差異論的アプローチ』体育学研究，45（1）:29-41
- 中原雄監修（2009）『絶対うまくなる！バスケットボール』主婦の友社
- トーステンロイブル：伊豆倉明子訳（2008）『ヨーロッパスタイル・バスケット最新テクニック』スキージャーナル
- 塚本清彦監修（2008）『DVDバスケットボールテクニック1on1を極める！』大泉書店
- 吉田健司（2008）『ぐんぐんうまくなるバスケットボール』ベースボール・マガジン社
- 北海道新聞社編（2008）『レラカムイ北海道オフィシャルガイドブック2008-2009』北海道新聞社
- 鈴木喜美一（2007）『バスケットボールコーチング救急マニュアル「21世紀はNBAから学ぼう！②」』日本文化出版
- 日本バスケットボールリーグ監修（2007）『日本バスケットボールリーグ2007-2008オフィシャルガイドブック』日本バスケットボールリーグ
- 倉石平（2005）『バスケットボールのコーチを始めるために』日本文化出版
- 矢崎悦男編（2005）『新版・絵でわかるジュニアスポーツ③バスケットボールルールと技術』学習研究社
- 成美堂出版編集部編（2005）『わかりやすいバスケットボールのルール』成美堂出版
- 中川恵監修（2005）『上達する！バスケットボール』ナツメ社
- さいたまブロンコス監修（2004）『うまくなる！バスケットボール』西東社
- 倉石平（2003）『バスケットボールコーチング救急マニュアル「21世紀はNBAから学ぼう！」』日本文化出版
- 佐藤久夫（2002）『基本から戦術までバスケットボール』日東書店
- 池内泰明監修（2002）『バスケットボール上達BOOK』成美堂出版
- 北原憲彦監修（2002）『わかりやすいバスケットボールのルール』成美堂出版
- ジョン・ウドゥン：武井光彦ほか訳（2000）『ジョン・ウドゥン UCLAバスケットボール』大修館書店
- 萩原美樹子（2000）『きみもチャレンジ！ジュニア入門シリーズ③バスケットボール入門』岩崎書店

- 中川恵監修（1999）『基礎からのバスケットボール』ナツメ社
- 本間正夫原作（1998）『よくわかる！うまくなる！マンガ　バスケットボール』有紀書房
- 手塚政則（1998）『図解コーチ　バスケットボール』成美堂出版
- ジェリー・クロウゼ編：水谷豊ほか訳（1997）『バスケットボール・コーチング・バイブル』大修館書店
- 大木喜知（1997）『クラブ活動に役立つスポーツ図鑑3バスケットボール』あかね書房
- ジョージ・リベロイ：師岡亮子訳（1997）『マジック・ジョンソン～エンドレス・マジック～』TOKYO FM出版
- 倉石平（1997）『デニスロッドマン絶対勝てるNBAテクニック』徳間書店
- チャールズ・バークリー，リック・ライリー（1996）『チャールズ・バークリー～ウィットの天才～』TOKYO FM出版
- 鹿島進編著（1996）『短期上達バスケットボール』日東書院
- 保住金次郎編（1996）『DUNK SHOOT NBA50thAnniversary』日本スポーツ企画出版社
- 李宇載（1996）『ステップアップスポーツバスケットボール』池田書店
- 鈴木淑巨監修（1995）『バスケットボールルールブック』有紀書房
- 北原憲彦監修（1995）『スポーツグラフィックバスケットボール』成美堂出版
- 手塚政則（1995）『バスケットボール練習プログラム』成美堂出版
- 結城昭二（1995）『マイケル・ジョーダンNBA最強のテクニック』徳間書店
- 稲垣安二・荒木郁夫・北川勇喜・上平雅史・武井光彦・進藤満夫（1985）『球技における戦法の基本概念に関する一試論』日本体育大学紀要，14（2）
- 稲垣安二編著（1978）『バスケットボールの指導体系』梓出版

オンライン

- 大手町一家「バスケ用語集」
  http://www.basketball-ikka.net/category-22.html（2016.8.10）

- JX-ENEOSバスケットボールクリニック「バスケットボール用語集」
  https://www.jx-group.jp/clinic/tech_term/（2016.8.10）

- 特定非営利活動法人日本デフバスケットボール協会「デフバスケットとは？」
  http://jdba.sakura.ne.jp/about/index.html（2016.8.27）

- 日本ツインバスケットボール協会「ツインバスケットボールとは？」
  http://www.jwtbf.com/whatis/（2016.8.27）

- バスケットボールの家庭教師「バスケットボール用語集」
  http://basketballtutor.com/basketball/yougo/yougo.html（2016.8.10）

- バスケットボールフリークスサイト「NBA WORDS」
  http://www.geocities.jp/masakaritechno/nba/words/index.htm（2016.8.12）

- 森山恭行「バスケットボール用語集」
  http://www2.matsue-ct.ac.jp/home/y-mori/glossary.html（2016.8.12）

編者一覧
（五十音順）

網野　友雄
　　元日本代表
　　白鷗大学　助教
　　同大学バスケットボール部（男子）　監督
　　栃木ブレックス　アンバサダー

飯田　祥明
　　南山大学　専任講師
　　同大学バスケットボール部　部長
　　博士（学術）

板倉　令奈
　　元ユニバーシアード日本代表
　　玉川大学　研究員

大野　篤史
　　元日本代表
　　千葉ジェッツ　ヘッドコーチ

小野　秀二
　　元日本代表
　　元日本代表　ヘッドコーチ

柏倉　秀徳
　　元日本代表
　　筑波大学　特任助教
　　同大学バスケットボール部（女子）　ヘッドコーチ

◎小谷　究
　　流通経済大学　助教
　　同大学バスケットボール部　ヘッドコーチ
　　博士（体育科学）

佐良土　茂樹
　　日本体育大学　特別研究員
　　博士（哲学）

清水　貴司
　元ユニバーシアード日本代表
　帝京平成大学　講師
　同大学バスケットボール部（男子）　ヘッドコーチ

城間　修平
　日本大学　助教
　同大学バスケットボール部（男子）　ヘッドコーチ

須黒　祥子
　国際審判員
　都立駒場高校　保健体育科教員

谷釜　尋徳
　東洋大学　教授
　同大学バスケットボール部（女子）　ヘッドコーチ
　博士（体育科学）

藤井　慶輔
　理化学研究所　研究員
　博士（人間・環境学）

藤田　将弘
　日本体育大学　准教授
　同大学バスケットボール部（男子）　ヘッドコーチ

渡邊　正光
　帝京平成大学　教授

綿貫　慶徳
　東洋大学　専任講師
　博士（体育科学）

◎は編集代表者。各編者の所属等は、出版時点の情報です。

監修者プロフィール

小野　秀二
バスケットボール日本代表・元ヘッドコーチ（2009）

〈略歴〉
1958年1月31日生まれ・秋田県出身
秋田県立能代工業高校 － 筑波大学 － 住友金属工業
愛知学泉大学・ヘッドコーチ（1988-2000）
トヨタ自動車アルバルク・ヘッドコーチ（2000-2005）
日立サンロッカーズ・ヘッドコーチ（2005-2013）
アースフレンズ東京Ｚ・ヘッドコーチ（2014-2017）

小谷　究
流通経済大学スポーツ健康科学部スポーツコミュニケーション学科・助教
流通経済大学バスケットボール部・ヘッドコーチ
博士（体育科学）

〈略歴〉
1980年9月4日生まれ・石川県出身
京北高校 － 日本体育大学
日本体育大学バスケットボール部・アシスタントコーチ（2003-2006,2014-2016）
日本体育大学バスケットボール部・ヘッドコーチ（2007-2009）

バスケットボール用語事典
（ようごじてん）

2017年7月20日　第1版第1刷
2024年6月30日　第1版第3刷

監　修：小野秀二
　　　　小谷　究
発行者：伊藤岳人
発行所：株式会社 廣済堂出版
〒101-0052　東京都千代田区神田小川町2-3-13 Ｍ＆Ｃビル7Ｆ
電話　（編集）03-6703-0964
　　　（販売）03-6703-0962
FAX　（販売）03-6703-0963
振替　00180-0-164137
URL　https://www.kosaido-pub.co.jp/
印刷・製本　三松堂株式会社

ISBN978-4-331-52105-2 C0075
©2017 Shuji Ono, Kiwamu Kotani
Printed in Japan

定価はカバーに表示してあります。
落丁・乱丁本はお取り替えいたします。
本書の内容の無断転載、複写、転写を禁じます。

●制作スタッフ
編　　集　　三上太
デザインDTP　黄川田洋志、井上菜奈美、
　　　　　　藤本麻衣、山岸美奈子、明日未来、
　　　　　　岡村佳奈（有限会社ライトハウス）
編集統括　　鈴木啓仁、森基子（廣済堂出版）